ことりっぷ co-Trip 会話帖

スペイン語

電子書籍が無料ダウンロードできます♪

電子書籍のいいところ

購入した「ことりっぷ」が
いつでも
スマホやタブレットで
持ち運べますよ♪

JN015951

まずは
ことりっぷアプリを
ダウンロード

詳しくは裏面で

📱 電子書籍をダウンロードするには…

Step 1 「AppStore」または「GooglePlay」から〈ことりっぷ〉で検索してアプリをダウンロード

このアイコンが目印です

Step 2 アプリを起動し、まず会員登録してからログイン

Step 3 トップ画面にある電子書籍ボタンをタップ

Step 4 ストア画面の「QRコードスキャン」をタップ

Step 5 右のQRコードを読み取ります

Step 6 ことりっぷが本棚に追加されます

ことりっぷ co-Trip 会話帖

スペイン語

Spanish

勇気を出してスペイン語で話しかけてみましょう。
すこしでも気持ちが伝われば旅はもっと楽しくなります。
いつもよりあたたかい旅を経験してみませんか？

会話帖 スペイン語を持って…

さあ、話してみましょう

**旅に必要な基本会話から、とっておきの現地情報を聞いたり、
ツウな旅を楽しむためのフレーズや単語を集めました。
さあ、会話を楽しんでみませんか?**

せっかく旅に出たなら現地の人とコミュニケーションをとってみましょう。簡単なあいさつでもその土地の言葉で元気よく話しかければ、現地の人もあなたに笑顔で応えてくれるはず…。

グルメ、ショッピング、エステに観光など、会話を楽しむシーンはいっぱいです。少しの会話でもいつもと違った体験ができるかも!?会話で旅はもっと楽しくなります。

check list

おすすめは何ですか?
¿Qué me recomienda?
ケ　メ　レコミエンダ ♪

マカロンを1つください。
Un macarrón, por favor.
ウン　マカロン　ポル ファボル

グエル公園はどこですか?
¿Dónde está el parque Güell?
ドンデ エスタ エル パルケ グエル ♪

試食できますか?
¿Puedo probarlo?
プエド プロバルロ ♪

3

HOW TO
ことりっぷ会話帖

スペイン語

ことりっぷ会話帖は、見ためがかわいいだけではなく、
内容も盛りだくさん。事前にちょこっとお勉強するのも◎。
現地でも使いやすい会話帖をうまく使いこなすコツを教えます。

"カフェで何といえば注文できるの?" "化粧水って何ていうの?" などいざという時に困ったことはありませんか?そんな時にシチュエーション別の構成は現地に行っても探しやすいです。シチュエーションに関連したフレーズや単語も充実しています。こんなフレーズほしかったという声にお答えした会話帖です。

使えるポイントはココ

● シチュエーション別の構成で使いやすい

● 様々なシーンでの基本フレーズが充実

● 単語集は和西が多く現地でも役立ちます

1 シチュエーション別にアイコンがついています

シチュエーション別で分かれている「見どころ・グルメ・ショッピング・ビューティ・エンタメ・ホテル」は、それぞれのアイコンがタイトルの横についているので、すぐに見つけることができます。

2 単語が入れ替えできて使いやすいです

数字や地名など、入れかえるだけで使えます。

マカロンを
10個ください。
10 macarróns , por favor.
ディエス マカロンス ポル ファボル
Could I have 10 macarons?

3 重要フレーズが探しやすいです

特に重要なフレーズは一目でわかるようになっています。

カサ・ミラへ行きたいのですが
Quería ir a la Casa Milà.
ケリア イル ア ラ カサ ミラ
I'd like to go to Casa Milà.

4 相手の言葉もすぐ分かります

現地の人がよく使うフレーズも掲載しています。
事前にチェックしておけば、慌てずにすみますね。

何かお探しですか?
¿Está buscando algo en particular?
エスタ ブスカンド アルゴ エン パルティクラル ⊚
What are you looking for?

5 スペイン語以外にも英語表記があります

英語の表記も掲載しています。
スペイン語が通じなかったら英語で試してみましょう。

水をください。
Agua, por favor.
アグア ポル ファボル
Water, please.

アクセサリーを探しましょう

スペインならではのセンスが光るアクセサリー。
自分用に、おみやげに、いくつも欲しくなってしまいます。

この指輪を見せていただけますか?	¿Puede enseñarme este anillo? プエデ エンセニャルメ エステ アニジョ ⊚ Could you let me see it?
この石は何ですか?	¿Qué es esta piedra? ケ エス エスタ ピエドラ ⊚ What is this stone?
これは何カラットですか?	¿Cuántos quilates tiene? クアントス キラテス ティエネ ⊚ How many carat is this?
スペイン製ですか?	¿Es de producción española? エス デ プロドゥクシオン エスパニョーラ ⊚ Is this made in Spain?
金属部分は純金 [銀]ですか?	¿La parte metálica es de oro puro [plata pura]? ラ パルテ メタリカ エス デ オロ プロ [プラタ プラ]⊚ Is the metal part pure gold[silver]?
つけてみてもいいですか?	¿Puedo probármelo? プエド プロバルメロ ⊚ May I try this on?
プレゼント用にお願いします。	Envuélvalo para regalo, por favor. エンブエルバロ パラ レガロ ポル ファボル Please wrap it as a present.
別々に包んでください。	Envuélvamelos por separado, por favor. エンブエルバメロス ポル セパラド ポル ファボル Please wrap these individually.
リボンをつけてください。	¿Podría ponerle una cinta? ポドリア ポネルレ ウナ シンタ ⊚ Could you put some ribbon?
割れないように包んでください。	¿Puede envolverlo para que no se rompa? プエデ エンボルベルロ パラ ケ ノ セ ロンパ ⊚ Could you wrap it not to break?

86

6 対話形式でやりとりも把握できます

実際の対話例を掲載しているので、
どのようにやり取りしたらよいかが
分かります。

いくらですか?
¿Cuánto cuesta?
クアント クエスタ ⊚

ビール3本と10個ください?
シィ コンプラ トレス セ ロ デホ ア ディエス エウロス

こんにちは。
Hola.
オラ
いらっしゃいませ。
¿Puedo ayudarle?
プエド アジュダルレ

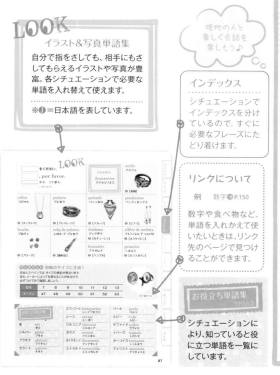

LOOK
イラスト&写真単語集

自分で指をさしても、相手にもさしてもらえるイラストや写真が豊富。各シチュエーションで必要な単語を入れ替えて使えます。

※**①**＝日本語を表しています。

現地の人と楽しく会話を楽しもう♪

インデックス

シチュエーションでインデックスを分けているので、すぐに必要なフレーズにたどり着けます。

リンクについて

例　数字➡P.150

数字や食べ物など、単語を入れかえて使いたいときは、リンク先のページで見つけることができます。

お役立ち単語集
WORD

シチュエーションにより、知っていると役に立つ単語を一覧にしています。

ことりっぷ会話帖で、積極的に現地の人とコミュニケーションを♪

コツ 1 巻頭のあいさつや定番フレーズを事前に覚えておきましょう

簡単なあいさつや基本のフレーズを覚えておけばいざというとき便利です。
➡P.10

コツ 2 写真・イラスト単語を相手に見せて伝えよう

うまく伝わらなかったら写真やイラストを見せて自分の意思を伝えてみましょう。
(例)➡P.32・48・83 など

コツ 3 日本の文化紹介をして積極的にコミュニケーション

海外では日本文化に興味のある人も多いです。自分の国について紹介できれば、会話もはずみます。
➡P.146

発音・フリガナについて

それぞれのフレーズ、単語にはカタカナ表記を付けています。そのまま読めば、現地のことばに近い音になるように工夫してありますので、積極的に声に出してみてください。🔊がある疑問文のフレーズは、尻上がりに読めばOKです。

● スペイン語の発音って？

基本はローマ字読みです。スペイン語の表記は、26文字のアルファベットと〝ñ〟から成っています。ま

ずはアルファベットの読み方を覚え、これを応用してローマ字読みの発音をすればたいてい相手に伝わります。ñはスペイン語特有のアルファベットで、mañana（マニャナ）のように「ニャ」行の発音になります。また、paella（パエジャ）などlが2つ続くと「ジャ」行の発音になります。

●rrは巻き舌で

rrは巻き舌で発音します。また、単語の最初や、l、s、nのあとにrがくる場合も巻き舌で発音します。

ことりっぷ co-Trip 会話帖 スペイン語

Contents

シチュエーション別の会話は、

🗺 見どころ
🍴 グルメ
🛍 ショッピング
💅 ビューティ
🎵 エンタメ
🛏 ホテル

の6つのジャンルで紹介しています。

コラム

Spanish

スペインってこんなところです

グルメに名画に素敵な街並み・・・
スペインは多くの人々を惹きつけます。

スペインのきほん

Q 言葉と文字は？

A スペイン語です

ほかにカタルーニャ語、バスク語などが
各自治州の公用語として使われています。

Q 通貨は？

A ユーロです

欧州共通通貨のユーロ（€）と補助通貨のセント（¢）が使われています。スペイン語ではエウロ、センティモと発音します。€1=100¢。

Q 旅行シーズンは？

A 春～秋がベスト

地域や目的によって異なりますが、一般的には4～10月頃がベストシーズン。ただし、夏は暑さが厳しく、観光地が混雑しやすいため、春と秋が旅行向きです。

スペインのマナーを知っておきましょう。

○喫煙するときは注意
スペインでは屋内は禁煙です。レストランやカフェ、バルの店内をはじめ、空港や駅、電車、バス、タクシーなどの公共交通機関も対象。路上やテラス席では喫煙できますが、屋外でも公園やビーチ、学校や病院など、禁煙のエリアがあるので、タバコを吸うときは確認しましょう。

○美術館・博物館のマナー
美術館や博物館などでは大きな荷物は預けるようにします。撮影禁止の場合もあるので注意しよう。教会では肌を露出した服装は避けるようにしましょう。

スペインのおもな地名はこちら

Santiago de Compostela
サンティアゴ・デ・コンポステーラ

Madrid
マドリード

サンティアゴ・デ・コンポステーラ

アストゥリアス
ASTURIAS

カンタブリア
CANTABRIA

バスク
PAÍS VASC

ガリシア
GALICIA

ラ・リオハ
LA RIOJ

Segovia
セゴビア

カスティーリャ・イ・レオン
CASTILLA Y LEÓN

セゴビア

Aranjuez
アランフェス

ポルトガル

マドリード
MADRID

マドリード

アランフェス

トレド

クエンカ

Toledo
トレド

エストレマドゥーラ
EXTREMADURA

カスティーリャ・ラ・マンチ
CASTILLA-LA MANCH

Córdoba
コルドバ

コルドバ

アンダルシア
ANDALUCÍA

Sevilla
セビーリャ

セビーリャ

グラナダ

Arcos de la Frontera
アルコス・デ・ラ・フロンテーラ

アルコス・デ・ラ・フロンテーラ

マラガ

ミハス

フリヒリアーナ
ネルハ

DATA

正式国名／スペイン王国
人口／約4850万人
面積／約51万km²
首都／マドリード
日本との時差／−8時間
（サマータイム時は−7時間）

モロッコ

Mijas
ミハス

Nerja
ネルハ

Málaga
マラガ

その他の
見どころ
WORD

サグラダ・ファミリア　　**アルハンブラ宮殿**
La Sagrada Família　La Alhambra
ラ　サグラダ　ファミリア　ラ　アランブラ

スペインの習慣を知っておきましょう

シエスタという長時間の昼休みがあり、一般的には14
〜16時の間、多くの店舗や公共機関の窓口は閉まりま
す。また、日曜や夏期休暇、クリスマス、復活祭などの
祝日は休みになるところが多いので注意しましょう。

ワンポイント

地名を使って会話してみよう

Montserrat
モンセラット

Figueres
フィゲラス

フランス

+バーラ
NAVARRA

カタルーニャ
CATALUÑA
モンセラット

フィゲラス

ラゴン
RAGÓN

Barcelona
バルセロナ

バルセロナ

Tarragona
タラゴナ

タラゴナ

Cuenca
クエンカ

Palma de Mallorca
パルマ・デ・マヨルカ

レンシア
バレンシア
VALENCIA

パルマ・デ・マヨルカ

Mallorca
マヨルカ島

マヨルカ島

イビサ島

Ibiza
イビサ島

ルシア
MURCIA

Valencia
バレンシア

アルジェリア

Granada
グラナダ

Frigiliana
フリヒリアーナ

｜　　　　　｜ に行きたいのですが。

Quisiera ir a ｜　　　　　｜.

キシエラ　イル　ア ｜　　　　　｜

目的地をたずねるとき
は、地名をはっきり伝
えましょう。

出身地はどこですか?

¿De dónde es usted?

デ　ドンデ　エス　ウステ

出身地は ｜　　　　　｜ **です。**

Soy de ｜　　　　　｜.

ソイ　デ ｜　　　　　｜

積極的に現地の人とコミュニケーション
をとってみましょう。

9

まずはあいさつから始めましょう

スペインでのコミュニケーションの始まりはあいさつです。
まずは基本のあいさつを覚えて、積極的に使うことから始めましょう。

おはよう。／こんにちは。／こんばんは。
Buenos días. ／ Buenas tardes. ／ Buenas noches.
ブエノス　ディアス／ブエナス　タルデス／　ブエナス　ノチェス
Good morning. ／ Good afternoon. ／ Good evening.

さようなら (丁寧)。／さようなら (カジュアル)。
Adiós. ／ Hasta luego.
アディオス　　　　／　アスタ　　　ルエゴ
Good bye. ／ Bye.

はい。／いいえ。
Sí. ／ No.
シィ　／　ノ
Yes. ／ No.

よい1日を。
Que pase un buen día.
ケ　　パセ　　ウンブエン ディア
Have a nice day.

ありがとう。
Gracias.
グラシアス
Thank you.

どういたしまして。
De nada.
デ　ナダ
You are welcome.

またね！／また明日。
¡Hasta pronto! ／ Hasta mañana.
アスタ　　　プロント　／　アスタ　　マニャナ
Bye! ／ See you tomorrow.

見どころ

グルメ

ショッピング

ビューティ

エンタメ

ホテル

乗りもの

基本情報

単語集

あいさつに関するポイント

¡Hola!（こんにちは）は、朝昼晩、時間帯を問わずに使える気軽なあいさつです。英語のHiやHelloにあたります。

はじめまして。私は<u>スズキサトコ</u>です。
Encantada. Me llamo Satoko Suzuki.
エンカン**ター**ダ　メ　**ジャ**モ　　**サト**コ　**スズ**キ
Nice to meet you. I'm Satoko Suzuki.

お目にかかれてうれしいです。
Me alegro de verle.
メ　ア**レグ**ロ　デ　**ベル**レ
I'm glad to see you.

日本から来たのですか？
¿Ha venido de Japón?
ア　ベ**ニー**ド　デ　ハ**ポン**
Are you from Japan?

はい、<u>東京</u>から来ました。
Sí, vengo de Tokio.
シィ　**ベン**ゴ　デ　**トー**キョー
Yes, I'm from Tokyo.

すみません（何かを尋ねる）。
Perdón.
ペル**ドン**
Excuse me.

なんでしょうか？
¿Sí?
シィ
Pardon?

11

知っていると便利なフレーズたちを集めました

旅先でよく使う簡単なフレーズを集めました。
これだけで、コミュニケーションの幅がぐっと広がりますよ。

旅行前に覚えておくと
現地で便利です。

どのくらい時間がかかりますか?

¿Cuánto tiempo se tarda?

クアント　　ティエンポ　セ　タルダ

How long does it take?

いくらですか?

¿Cuánto cuesta?

クアント　　　クエスタ

How much is it?

はい、お願いします。／いいえ、結構です。

Sí, por favor.　／　No, gracias.

シィ　ポル　ファボル　　／　ノー　　グラシアス

Yes, please. ／ No, thank you.

これは何ですか?

¿Qué es esto?

ケ　　　エス　エスト

What is this?

わかりません。

No entiendo.

ノー　エンティエンド

I don't understand.

知りません。

No lo sé.

ノ　　ロ　セー

I don't know.

もう1回言ってもらえますか?

¿Puede repetirlo otra vez?

プエデ　　　レペティルロ　オートラ　ベス

Please repeat that again.

ゆっくり話してもらえますか？

¿Puede hablar más
despacio?

プエデ アブラル マス デスパシオ 🔊

Could you speak more slowly?

日本語[英語]のできる人はいますか？

¿Hay alguien que
hable japonés [inglés]?

アイ アルギエン ケ アブレ ハポネス[イングレス]）🔊

Is there anyone who speaks Japanese[English]?

いいですよ。／OK。／だめです。

Sí, está bien. ／ Ok. ／ No se puede.

シィ エスタ ビエン。／**オケ** ／ ノー セ プエデ

Sure. ／ OK. ／ No.

ごめんなさい。

Lo siento.

ロ シエント

I'm sorry.

これください。

Éste, por favor.

エステ ボル ファボル

I'll take this.

紙に書いてもらえますか？

¿Puede escribirlo en
un papel?

プエデ エスクリビルロ エン ウン パペル 🔊

Could you write down what you said?

とってもよいです。／まあまあです。

Está muy bien. ／ No está mal.

エスタ ムイ ビエン。／ ノ エスタ マル

It's very good. ／ It's not bad.

すみません。

Perdón. ／ Disculpe.

ベルドン ／ ディスクルベ

Pardon. ／ Excuse me.

> Perdón.は聞き返すときにも使えます。

私です。／あなたです。

Soy yo. ／ Eres tú.

ソイ ジョ ／ エレス トゥ

It's me. ／ It's you.

いつ？／誰？／どこ？／なぜ？

¿Cuándo? ／ ¿Quién? ／ ¿Dónde? ／ ¿Por qué?

ク**ア**ンド ／ **キ**エン ／ **ド**ンデ ／ ボル**ケ**

When? ／ Who? ／ Where? ／ Why?

知っていると便利なフレーズたちを集めました

[   ] をください。

[   ], por favor.
　　　　　　　ボル　　ファボル

[   ]
[   ],please.

Point ～, por favor. は、何かがほしいときに相手に頼む表現。[   ] に「物」や「サービス」を入れて使いましょう。受け取ったとき、何かをしてもらったときには Gracias. (グラシアス／ありがとう) のひとことを忘れずに！

コーヒー

café
カフェ
coffee

紅茶

té
テ
tea

コーラ

coca cola
コカ　コーラ
coke

ミネラルウォーター

agua mineral
アグア　ミネラル
mineral water

ビール

cerveza
セルベサ
beer

赤ワイン

vino tinto
ビノ　ティント
red wine

牛肉

ternera
テルネーラ
beef

魚

pescado
ペスカド
fish

パエーリャ

paella
パエジャ
paella

チュロス

churros
チュロス
churros

メニュー

un menú
ウン　メヌ
menu

地図

un mapa
ウン　マパ
map

お店で大活躍する
フレーズです。

パンフレット

un folleto
ウン　フォジェト
brochure

レシート

un recibo
ウン　レシボ
reciept

14

基本会話

見どころ

グルメ

ショッピング

ビューティ

エンタメ

ホテル

乗りもの

基本情報

単語集

［＿＿＿＿＿＿］ してもいいですか?

¿Puedo ［＿＿＿＿＿＿］?

プエド ［＿＿＿＿＿＿］

Can I ［＿＿＿＿＿＿］?

Point ¿Puedo ～ ? は、「～してもいいですか」と相手に許可を求める表現。
［＿＿＿＿＿＿］に自分がしたいことを入れてたずねます。相手はたいてい Sí. (はい)
か No. (いいえ) で答えてくれます。

写真を撮る
hacer una foto
アセル ウナ フォト
take a picture

トイレに行く
ir al lavabo
イル アル ラバボ
go to a restroom

注文する
pedir
ペディル
order

ここに座る
sentarme aquí
センタルメ アキ
sit here

窓を開ける
abrir la ventana
アブリル ラ ベンタナ
open the window

予約する
hacer una reserva
アセル ウナ レセルバ
make a reservation

チェックインする
registrarme en el hotel
レヒストラルメ エン エル オテル
check in

そこに行く
ir allí
イル アジィ
go there

ここにいる
quedarme aquí
ケダルメ アキ
stay here

電話を使う
usar el teléfono
ウサル エル テレフォノ
use a phone

あとで電話する
llamar luego
ジャマル ルエゴ
call later

クーポンを使う
usar un cupón
ウサル ウン クポン
use a coupon

徒歩でそこへ行く
ir ahí andando
イル アイ アンダンド
walk there

観光地では「写真を撮ってもいいですか?」とたずねてみましょう。

ここで支払う
pagar aquí
パガル アキ
pay here

知っていると便利なフレーズたちを集めました

[_____] はどこですか?

¿Dónde está [_____] ?

ドンデ エスタ [_____] 🎵

Where is [_____] ?

Point ¿Dónde está ～ ? は、「場所」などをたずねる表現。どこかへ行きたいと
きや、探し物があるときなどに使います。[_____] に「場所」「物」「人」などを
入れてたずねれば OK。物などが複数形のときは está のかわりに están
(エスタン) を使います。

このレストラン
este restaurante
エステ レスタウランテ
this restaurant

トイレ
el lavabo
エル ラバボ
a restroom

駅
la estación
ラ エスタシオン
a station

きっぷ売り場
la venta de billetes
ラ ベンタ デ ビジェテス
a ticket booth

私の席
mi asiento
ミ アシエント
my seat

地下鉄の駅
la estación de metro
ラ エスタシオン デ メトロ
a subway station

案内所
la oficina de información
ラ オフィシナ デ インフォルマシオン
an information center

エスカレーター
la escalera mecánica
ラ エスカレラ メカニカ
an escalator

エレベーター
el ascensor
エル アセンソル
an elevator

階段
la escalera
ラ エスカレラ
stairs

カフェ
la cafetería
ラ カフェテリア
a cafe

銀行
el banco
エル バンコ
a bank

街歩きから建物の中に
いるときまで、幅広いシ
ーンで使えます。

郵便局
correos
コレオス
a post office

警察
la comisaría de policía
ラ コミサリア デ ポリシア
a police station

基本会話

見どころ

グルメ

ショッピング

ビューティ

エンタメ

ホテル

乗りもの

基本情報

単語集

［　　　　　］はありますか？

¿Tiene ［　　　　　］?

ティ**エ**ネ ［　　　　　］

Do you have ［　　　　　］?

Point ¿Tiene ~ ? は「〜はありますか」とたずねる表現。［　　　］に「品物」や「料理」などを入れて、店で自分の欲しいものを売っているかたずねたり、レストランで注文するときなどに使います。

薬 medicinas メディシナス medicines	牛乳 leche レチェ milk	雑誌 revistas レビスタス magazine
チョコレート chocolate チョコラテ chocolate	変圧器 transformadores トランスフォルマドレス transformer	バター mantequilla マンテキジャ butter
ジャム mermelada メルメラダ jam	ケチャップ ketchup ケチャップ ketchup	塩 sal **サ**ル salt
コショウ pimienta ピミエンタ pepper	紙ナプキン servilletas de papel セルビジェタス デ パペル paper napkins	電池 pilas ピラス batteries
コピー機 fotocopiadora フォトコピアドラ a copy machine	 生理用品は Compresas コンプレサス といいます。	はさみ tijeras ティヘラス scissors

知っていると便利なフレーズたちを集めました

⬚⬚⬚⬚ を探しています。

Estoy buscando ⬚⬚⬚⬚ .

エストイ ブスカンド ⬚⬚⬚⬚
I'm looking for ⬚⬚⬚⬚ .

Point Estoy buscando ～ . は、「～を探しています」と相手に伝える表現。「なくした物」、「買いたい物」、「欲しい物」だけでなく、「行きたい場所」などを伝えるときにも使います。

私のさいふ
mi cartera
ミ カルテラ
my wallet

私のパスポート
mi pasaporte
ミ パサポルテ
my passport

私のカメラ
mi cámara
ミ カマラ
my camera

トイレ
el lavabo
エル ラバボ
restrooms

出口
la salida
ラ サリダ
an exit

入口
la entrada
ラ エントラダ
an entrance

Tシャツ
camisetas
カミセタス
T-shirts

靴
zapatos
サパトス
shoes

かばん
bolsos
ボルソス
bags

化粧品
cosméticos
コスメティコス
cosmetics

写真店
una tienda de fotos
ウナ ティエンダ デ フォトス
a photograph store

両替所
una oficina de cambio de moneda
ウナ オフィシナ デ カンビオ デ モネダ
a money exchange

「人」を探す
ときにも使えます。

本屋
una librería
ウナ リブレリア
a bookstore

アスピリン
aspirinas
アスピリナス
an aspirin

18

見どころ

グルメ

ショッピング

ビューティ

エンタメ

ホテル

乗りもの

基本情報

単語集

してくれませんか?

¿Podría [   ] ?

ポドリア [   ] 🔊
Could you [   ] ?

Point ¿Podria ~ ? は、「よろしければ~してくれませんか」とていねいに相手に伝える表現。[   ] には「相手にしてほしいこと」を入れて使います。

お願いを聞く
hacerme un favor
アセルメ　ウン ファボル
do me a favor

助ける・手伝う
ayudarme
アジュダルメ
help me

もう一度言う
repetirlo
レペティルロ
say that again

ゆっくり言う
hablar más despacio
アブラル　マス デスパシオ
speak more slowly

今言ったことを書く
escribir lo que ha dicho
エスクリビル ロ ケ ア ディチョ
write down what you said

タクシーを呼ぶ
llamar un taxi
ジャマル　ウン タクシィ
call me a taxi

道を教える
enseñarme el camino
エンセニャルメ エル カミノ
show me the way

毛布をくれる
darme una manta
ダルメ　ウナ マンタ
give me a blanket

医者を呼ぶ
llamar a un médico
ジャマル ア ウン メディコ
call for a doctor

少し待つ
esperar un momento
エスペラル ウン モメント
wait a minute

探す
buscar
ブスカル
look for it

案内する
hacer de guía
アセル デ ギア
show me around

荷物を運ぶ
llevar las maletas
ジェバル ラス マレタス
carry the luggage

~, por favor. よりも遠慮の気持ちが込められた言い方です。

連絡先を教える
darme su dirección
ダルメ　ス ディレクシオン
tell me your address

現地の人に気持ちを伝えてみましょう

スペインの
ことば

スペイン語を覚えるのはちょっと大変ですが、感情がすぐに伝わるひとことや
若者言葉などを事前に覚えておけば、地元の人ともすぐに仲良くなれますよ。

気軽にあいさつ
するときは…

¡Hola! オラ
こんにちは！

朝昼晩、時間帯を問わず使えます。英語のHi.やHello.にあたります。

楽しいという気持ちを
表したいときは…

¡Qué divertido! ケ ディベルテイド
楽しい！

「なんて楽しいのでしょう！」という意味の感嘆文です。

「大変！」と伝え
たいときは…

¡Qué difícil! ケ ディフィシル
大変！

「難しい」という場合にも使える言葉で、英語のdifficultにあたります。

素敵なヒトを
見かけたら…

¡Qué bonito! ケ ボニト
かっこいい！

男性に対しての表現。女性に対しては¡Qué bonita! (ケ ボニタ) で、「かわいい！」や「素敵！」の意味となります。

番外編
ですが…

Tengo novio.
テンゴ ノビオ
私には愛する恋人がいます。

ナンパされてお断りしたいときにどうぞ。

仲良くなった
友達に…

Estamos en contacto.
エスタモス エン コンタクト
また連絡しあおう。

別れ際の挨拶で、「さようなら、また会いましょう」という意味になります。

スペイン人は一般に陽気でおおらか、さらに人に親切と言われています。「日本から来た」と言うと「地球の裏側から来たのか？」と驚き、ます ます親切に…なんていうこともあるようです。

コミュニケーションのコツを覚えておきましょう

よいコミュニケーションに必要なのは、何も言葉の知識だけではありません。
その国の文化や考え方、行動の背景を知ることも大切です。

わからないときの照れ笑いや愛想笑いはスペイン人には理解できません。はい、いいえの意思をハッキリ伝えましょう。

話を聞きながらむやみにうなずくのはやめましょう。相手の言葉に納得しているととられかねません。

相手に話しかけたいときや注意をひきたいときは、必ずひと声かけましょう。試着したいなら、店員さんに¿Puedo probármelo? (プエド プロバルメロ) と声かけを。

¿Puedo probármelo?

相手の警戒心を解くことがひとつのポイント。ちょっとしたひと言をかければコミュニケーションが円滑になることも。

Por favor.

こんなシーンで
実際に使ってみましょう

旅先ではさまざまなシーンに出くわすでしょう。
おいしい料理を堪能したり、ショッピングでお目当てのアイテムを見つけたり。
または、道に迷ったり、持ち物をなくしてしまうこともあるかもしれません。
よい思い出を倍増させ、いざというときにあなたを助けてくれるのが
現地の人々との会話なんです。
現地の人々と積極的にコミュニケーションを取って、あなたの旅を
より魅力的なものにしましょう。

ショッピング
Ir de compras
イル デ コンプラス

エンタメ
Entretenimiento
エントレテニミィエント

グルメ
Gourmet
グルメット

見どころ
Sitios turisticos
シティオス トゥリスティコス

どうぞ召し上がれ
Coma, por favor
コマ ポル ファボル

おいしい
¡Qué bueno!
ケ ブエノ

まずは街並みをおさんぽしてみましょう

芸術、文化、ファッションにグルメ…とにかく魅力いっぱいのスペイン。
まずは街を歩いて、その魅力を肌で感じてみましょう。

道をたずねるフレーズはコチラ

ちょっと おたずねします。	Perdone, una pregunta. ペルドネ　ウナ　プレグンタ Excuse me. May I ask you something?
カサ・ミラへ行きたい のですが。	**Quería ir a la** Casa Milà. ケリア　イル　ア　ラ　カサ　ミラ I'd like to go to Casa Milà. 　観光地⇒P.32
右に曲がると 左手にありますよ。	Gire a la derecha y después a mano izquierda. ヒレ　ア　ラ　デレチャ　イ　デスプエス　ア　マノ　イスキエルダ Turn right and it's on your left.
私に ついてきてください。	Sígame, por favor. シガメ　ポル　ファボル Follow me.
この住所に 行きたいのですが。	Quería ir a este sitio. ケリア　イル　ア　エステ　シティオ I'd like to go to this address.
この地図で どこですか?	¿Dónde está esta zona en este mapa? ドンデ　エスタ　エスタ　ソナ　エン　エステ　マパ ♪ Where is it on this map?
ここはどこですか?	¿Dónde estamos? ドンデ　エスタモス ♪ Where am I?
道に迷って しまいました。	Me he perdido. メ　エ　ペルディド I'm lost.
ここは何通りですか?	¿Cómo se llama esta calle? コモ　セ　ジャマ　エスタ　カジェ ♪ What is this street's name?
いちばん近い駅は どこですか?	¿Cuál es la estación más cercana? クアル　エス　ラ　エスタシオン　マス　セルカナ ♪ Where is the nearest station?

あの〜すみません。
Oiga...perdone.
オイガ ペルドネ

 ありがとうございました。
Muchas gracias.
ムチャス グラシアス

道をたずねるときに使える単語

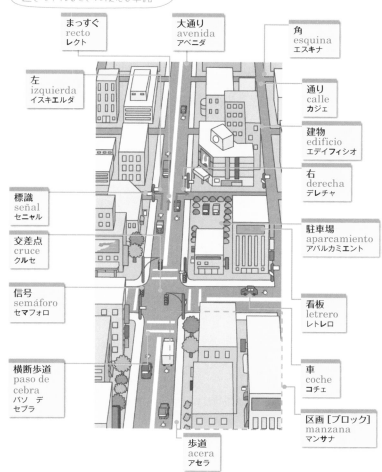

まっすぐ
recto
レクト

大通り
avenida
アベニダ

角
esquina
エスキナ

左
izquierda
イスキエルダ

通り
calle
カジェ

建物
edificio
エディフィシオ

右
derecha
デレチャ

標識
señal
セニャル

交差点
cruce
クルセ

駐車場
aparcamiento
アパルカミエント

信号
semáforo
セマフォロ

看板
letrero
レトレロ

横断歩道
paso de
cebra
パソ デ
セブラ

車
coche
コチェ

区画 [ブロック]
manzana
マンサナ

歩道
acera
アセラ

基本会話

見どころ

グルメ

ショッピング

ビューティ

エンタメ

ホテル

乗りもの

基本情報

単語集

23

まずは街並みをおさんぽしてみましょう

観光地で

プラド美術館は今日開いていますか？

¿El museo del Prado está abierto hoy?
エル　ムセオ　　デル　プラド　　　エスタ　アビィエルト　オイ◑
Is Prado Museum open today?

観光地◑P.32

開いてます。／休みです。

Está abierto. ／ Está cerrado.
エスタ　アビィエルト ／ エスタ　セラド
Yes, it is. ／ No, it isn't.

入場料はいくらですか？

¿Cuánto cuesta la entrada?
クアント　　　クエスタ　ラ　エントラダ◑
How much is the admission?

1人10ユーロです。

Diez euros por persona.
ディエス　エウロス　ポル　ペルソナ
10 euros per a person.

数字◑P.150

大人2人お願いします。

Dos entradas de adulto, por favor.
ドス　エントラダス　デ　アドゥルト　ポル　ファボル
Two adults, please.

数字◑P.150

日本語のパンフレットはありますか？

¿Tiene folletos en japonés?
ティエネ　フォジェトス　エン　ハポネス◑
Do you have a Japanese brochure?

館内ツアーは何時からですか？

¿A qué hora es la visita turística?
ア　　ケ　　オラ　エス　ラ　ビシタ　トゥリスティカ◑
What time does the guided tour start?

あの建物はなんという名前ですか？

¿Cómo se llama aquel edificio?
コモ　　　セ　ジャマ　アケル　エディフィシオ◑
What is the name of that building?

建物の中に入れますか？

¿Se puede entrar al edificio?
セ　プエデ　エントラル　アル　エディフィシオ◑
Can I go inside of the building?

出口［入口／非常口］はどこですか？

¿Dónde está la salida [entrada ／ salida de emergencia]?
ドンデ　エスタ　ラ　サリダ　［エントラダ／サリダ　デ　エメルヘンシア]◑
Where is the exit [entrance ／ emergency exit]?

エレベーターはありますか？

¿Hay ascensor?
アイ　　アスセンソル◑
Is there an elevator?

24

基本会話

見どころ

グルメ

ショッピング

ビューティ

エンタメ

ホテル

乗りもの

基本情報

単語集

写真を撮って いただけませんか?	**¿Podría hacerme una foto?** ポド**リ**ア　アセル**メ**　　**ウ**ナ　**フォ**ト 🔊 Could you take a photo?
(シャッターボタンを指し て) ここを押してください。	Apriete este botón, por favor. アプリ**エ**テ　**エ**ステ　ボ**トン**　ポル　ファ**ボル** Press here, please.
フラッシュを たいてもいいですか?	¿Puedo usar el flash? プ**エ**ド　ウ**サル**　エル　フ**ラッ**シュ 🔊 Can I use the flash?
あれは何ですか?	¿Qué es aquello? ケ　　エス ア**ケ**ジョ 🔊 What is that?
おみやげ店は ありますか?	¿Hay tienda de souvenir? アイ　ティ**エ**ンダ　デ　ス**ベ**ニル 🔊 Are there any gift shops?
何時ごろからライト アップされますか?	¿A qué hora empieza la iluminación? ア　ケ　　**オ**ラ　　エンピィ**エ**サ　ラ　イルミナシ**オ**ン 🔊 What time does the illumination start?
この劇場はいつ頃 作られたのですか?	¿Cuándo construyeron este teatro? ク**アン**ド　　コンストゥル**ジェ**ロン　**エ**ステ テ**ア**トロ 🔊 When was this theater built?
19世紀半ばです。	A mediados del siglo diecinueve. ア　メディ**ア**ドス　デル　**シ**グロ　ディエシヌ**エ**ベ Mid 19 th century.　　　　　　　　　　数字➡P.150

お役立ち単語集 WORD

観光 案内所	información turística インフォルマシオン トゥリスティカ	広場	plaza プラサ	世界 遺産	patrimonio mundial パトリモニオ ムンディアル
城	castillo カスティジョ	公園	parque パルケ	遺跡	lugar histórico ルガル イストリコ
大聖堂	catedral カテドラル	川	río リオ	王宮	palacio パラシオ
美術館	museo ムセオ	島	isla イスラ	庭園	jardín ハルディン
		運河	canal カナル	撮影 禁止	prohibido hacer fotos プロイビド アセル フォトス
		橋	puente プエンテ	立ち入り 禁止	prohibido entrar プロイビド エントラル

まずは街並みをおさんぽしてみましょう

観光案内所を利用しましょう

観光案内所は どこですか?	¿Dónde está la información para turistas? ドンデ　エスタ ラ インフォルマシオン　パラ　トゥリスタス Where is the tourist information?
無料の地図は ありますか?	¿Tiene mapas gratis? ティエネ　マパス　グラティス Do you have a free map of this area?
観光パンフレットを ください。	¿Puede darme un folleto turístico? プエデ　ダルメ　ウン フォジェト トゥリスティコ Can I have a sightseeing brochure?
日本語版は ありますか?	¿Lo tiene en japonés? ロ ティエネ エン ハポネス Do you have one in Japanese?
この街の見どころを 教えてください。	¿Puede recomendarme lugares interesantes? プエデ　レコメンダルメ　ルガレス　インテレサンテス Could you recommend some interesting places?
日帰りで行けるところ を教えてください。	¿Puede recomendarme lugares para visitar en un solo día? プエデ レコメンダルメ　ルガレス　パラ ビシタル エン ウン ソロ ディア Could you recommend some places for a day trip?
景色がきれいな ところはどこですか?	¿Dónde hay paisajes bonitos? ドンデ　アイ パイサヘス ボニトス Where is a place with a nice view?
そこは今日 開いていますか?	¿Está abierto hoy? エスタ　アビィエルト オイ Is it open today?
休みの日は いつですか?	¿Cuándo cierran? クアンド　シエラン When do they close?
火曜日です。／ 無休です。	El martes. ／ Abren cada día. エル　マルテス ／ アブレン　カダ　ディア Tuesday. ／ They are open every day. 曜日 P.151
歩いてそこまで 行けますか?	¿Se puede ir andando hasta allí? セ　プエデ イル アンダンド　アスタ　アジィ Can I walk there?

26

ここから遠いですか?	¿Está muy lejos de aquí? エスタ ムイ レホス デ アキ Is it far from here?
近いです。/ バスで10分です。	Está cerca. / En autobús, diez minutos. エスタ セルカ / エン アウトブス ディエス ミヌトス No, it's not. / It's ten minutes by bus.　数字 P.150
ここから歩いて 何分かかりますか?	¿Cuánto se tarda andando desde aquí? クアント セ タルダ アンダンド デスデ アキ How long does it take to walk from here?
行き方を 教えてください。	¿Me puede indicar el camino? メ プエデ インディカル エル カミノ Could you tell me how to get there?
地下鉄で 行けますか?	¿Puedo ir en metro? プエド イル エン メトロ Can I go there by metro?
この地図で 教えてください。	¿Puede explicarme con este mapa? プエデ エクスプリカルメ コン エステ マパ Could you tell me by this map?
何か目印は ありますか?	¿Hay alguna indicación? アイ アルグナ インディカシオン Are there any landmarks?
この近くに案内所[交 番]はありますか?	¿Hay un centro de información [una comisaría] por aquí cerca? アイ ウン セントロ デ インフォルマシオン[ウナ コミサリア] ポル アキ セルカ Is there an information center [a police box] near here?

お役立ち単語集 WORD

教会	iglesia イグレシア	展望台	punto de observación プント デ オブセルバシオン	噴水	fuente フエンテ
礼拝堂	capilla カピジャ	墓地	cementerio セメンテリオ	海岸	costa コスタ
ステンドグラス	vidriera ビドリエラ	塔	torre トレ	蚤の市	mercadillo メルカディジョ
タイル	azulejo アスレホ	水族館	acuario アクアリオ	チケット	entrada エントラダ
		クルーズ	crucero クルセロ	売店	quiosco キオスコ
		夜景	paisaje nocturno パイサヘ ノクトゥルノ	パンフレット	folleto フォジェト

教科書で見たアノ絵画を観に行きましょう

写真で見慣れたあの名画、あの美術品。目の前にすると持っていたイメージが覆されることも。
ぜひ自分の目で確かめに行きましょう。

さっそく中に入ってみましょう

チケット売り場は どこですか？	¿Dónde está la venta de entradas? ドンデ エスタ ラ ベンタ デ エントラダス ♪ Where is the ticket counter?
Articketを 持っています。	Tengo un Articket. テンゴ ウン アルティケット I have an Articket.
館内マップは ありますか？	¿Tiene guías del edificio? ティエネ ギアス デル エディフィシオ ♪ Do you have a floor map?
日本語のパンフレット はありますか？	¿Tiene un folleto en japonés? ティエネ ウン フォジェト エン ハポネス ♪ Do you have a Japanese brochure?
開館 [閉館] 時間は 何時ですか？	¿A qué hora abren [cierran]? ア ケ オラ アブレン [シィエラン] ♪ What time does it open [close]?
ミュージアムショップ はありますか？	¿Hay tienda del museo? アイ ティエンダ デル ムセオ ♪ Is there a museum shop?
ロッカーは ありますか？	¿Hay consignas? アイ コンシグナス ♪ Is there a locker?

> **ARTICKET BCNとは？**
> 38ユーロでピカソ美術館やミ
> ロ美術館などの、バルセロナ
> の主要6施設に入場できる
> お得なパス。列に並ばずに
> 入れるので便利です。各美術
> 館の窓口や観光案内所など
> で購入可能です。

お役立ち単語集 WORD

パブロ・ピカソ
Pablo Picasso
パブロ ピカソ

『ゲルニカ』
Guernica
ゲルニカ

『青衣の女』
Mujer en azul
ムヘル エン アスル

ジョアン・ミロ
Joan Miró
ジョアン ミロー

『カタツムリ・女・花・星』
Caracol. Mujer. Flor. Estrella.
カラコル ムヘル フロル エストレジャ

エル・グレコ
El Greco
エル グレコ

『胸に手を置く騎士』
El caballero de la mano en el pecho
エル カバジェロ デ ラ マノ エン エル ペチョ

『羊飼いの礼拝』
Adoración de los pastores
アドラシオン デ ロス パストレス

基本会話

見どころ

グルメ

ショッピング

ビューティ

エンタメ

ホテル

乗りもの

基本情報

単語集

日本語での「2F」はスペイン語で「1F」
スペインでは建物の階数の数え方が日本とは異なります。日本でいう「1階」は「地上階（planta baja）」で、エレベーターなどでは「0」や「B」と表示されます。「2階」は「1階（planta 1°）」、「3階」は「2階（2°）」で、「地下1階」は「−1」となります。

じっくりと見てまわりたいですね

今何か特別な展示をしていますか？	¿Hay alguna exposición especial? アイ　アルグナ　エクスポシシオン　エスペシアル Do you have any special exhibitions now?
受胎告知はどこですか？	¿Dónde está el cuadro de la Anunciación? ドンデ　エスタ　エル　クアドロ　デ　ラ　アヌンシアシオン Where is the Annunciation?
オーディオガイドをお願いします。	Una guía de audio, por favor. ウナ　ギア　デ　アウディオ　ポル　ファボル An audio guide, please.
順路はこちらでいいですか？	¿Por aquí está bien? ポル　アキ　エスタ　ビエン Is this the correct way?
これは誰の作品ですか？	Esta obra ¿quién la hizo? エスタ　オブラ　キエン　ラ　イソ Whose work is this?
写真を撮ってもいいですか？	¿Puedo hacer una foto? プエド　アセル　ウナ　フォト May I take a photo?
いちばん近いトイレはどこですか。	¿Dónde está el lavabo más cercano? ドンデ　エスタ　エル　ラバボ　マス　セルカノ Where is the nearest restroom?

お役立ち単語集 WORD

『受胎告知』
Anunciación
アヌンシアシオン
ディエゴ・ベラスケス
Diego Velázquez
ディエゴ　ベラスケス

『ラス・メニーナス（女官たち）』
Las Meninas (nuestra señora)
ラス　メニナス　（ヌエストラ　セニョラ）
『ブレダの開城』
Rendición de Breda
レンディシオン　デ　ブレダ
フランシスコ・デ・ゴヤ
Francisco de Goya
フランシスコ　デ　ゴヤ

『着衣のマハ』
La maja vestida
ラ　マハ　ベスティダ
『裸のマハ』
La maja desnuda
ラ　マハ　デスヌダ
『ボルドーのミルク売りの少女』
La lechera de Burdeos
ラ　レチェラ　デ　ブルデオス

現地発着ツアーに参加して小トリップへ

どこから見てまわろうか迷ったら、ツアーに参加してみるのもおすすめです。
コース、日程、条件などを確認しながら、興味のあるものを見つけましょう。

ツアーの内容を確認しましょう

バレンシアに行く バスはありますか?	¿Hay autobuses para ir a Valencia? アイ　アウトブセス　バラ　イル　ア　バレンシア ♪ Is there a bus that goes to Valencia?
1日[半日]のコース はありますか?	¿Hay trayecto de un día [medio día]? アイ　トラジェクト　デ　ウン ディア [メディオ　ディア]♪ Is there an one-day [a half-day] course?
何時集合ですか?	¿A qué hora quedamos? ア　ケ　オラ　ケダモス ♪ What time do we have to be there?
出発はどこですか?	¿Desde dónde salimos? デスデ　ドンデ　サリモス ♪ Where will we leave from?
送迎は ついていますか?	¿Incluye el servicio para recogernos? インクルジェ　エル　セルビシオ　バラ　レコヘルノス ♪ Does it include a pickup service?
食事つきの 料金でしょうか?	¿Incluye la comida? インクルジェ　ラ　コミダ ♪ Does it include the meal?

お役立ち単語集 WORD

予約	reserva レセルバ	日帰りの	de un día デ ウン ディア	食事	comida コミダ
パンフレット	folleto フォジェト	料金	precio プレシオ	バス	autobús アウトブス
午前	mañana マニャナ	入場料	precio de entrada プレシオ デ エントラダ	夜景	paisaje nocturno バイサヘ ノクトゥルノ
午後	tarde タルデ	支払い	pago バゴ	大人	adulto アドゥルト
		おすすめ	sugerencia スヘレンシア	子供	niño ニーニョ
		取消料	precio de cancelación プレシオ デ カンセラシオン		

そのツアーはどこをまわりますか？	**¿Qué lugares visita este tour turístico?** ケ　ルガレス　ビスタ　**エ**ステ　**トゥ**ル　トゥリスティコ 🔊 Where does the tour visit?
これに申し込みます。	**Quiero reservar éste.** キ**エ**ロ　　レセルバル　　**エ**ステ I'll take this.
リッツホテルから乗れますか？	**¿Podemos subir desde el hotel Ritz?** ポ**デ**モス　　ス**ビ**ル　**デ**スデ　エル　オ**テ**ル　リツ 🔊 Can we join from the Ritz hotel?
リッツホテルで降ろしてもらえますか？	**¿Puede dejarnos en el hotel Ritz?** プ**エ**デ　　デ**ハ**ルノス　　エン　エル　オ**テ**ル　リツ 🔊 Can you drop us at the Ritz hotel?
日本語ガイドはつきますか？	**¿Hay guía en japonés?** **ア**イ　　**ギ**ア　　エン　ハポ**ネ**ス 🔊 Does it have a Japanese guide?
トイレはどこですか？	**¿Dónde está el lavabo?** **ド**ンデ　　エス**タ**　エル　ラ**バ**ボ 🔊 Where is the restroom?
何時出発ですか？	**¿A qué hora sale?** ア　ケ　**オ**ラ　　**サ**レ 🔊 What time does it leave?
何時にここに戻ってくればいいですか？	**¿A qué hora hay que volver a aquí?** ア　ケ　**オ**ラ　　**ア**イ　ケ　ボル**ベ**ル　ア　ア**キ** 🔊 What time should I be back here?
あとのどのくらいで着きますか？	**¿Cuánto tiempo falta para llegar?** ク**ア**ント　　ティ**エ**ンボ　**ファ**ルタ　パラ　ジェ**ガ**ル 🔊 How long does it take to get there?
ツアーに遅れてしまったのですが…。	**Se ha hecho tarde para la visita turística...** セ　ア　　**エ**チョ　　**タ**ルデ　**パ**ラ　ラ　ビ**シ**タ　トゥ**リ**スティカ I'm sorry. I'm [We are] late for the tour.
ツアーをキャンセルしたいのですが。	**Quisiera cancelar la visita.** キシ**エ**ラ　　　カンセ**ラ**ル　ラ　ビ**シ**タ I'd like to cancel the tour.
とても楽しかったです、ありがとう。	**Ha sido muy agradable, gracias.** ア　　**シ**ド　ムイ　アグラ**ダ**ブレ　　グ**ラ**シアス I had a wonderful time, thank you.

LOOK

へ行きたいのですが。

Quisiera ir a [   ].

キシ**エ**ラ　　　イル　ア　[   ]

I'd like to go to [   ].

観光地
Lugar
turístico
ルガル
トゥリスティコ

バルセロナ
です

---

la Sagrada Família
ラ　サグラダ　ファミリア

❶【サグラダ・ファミリア聖堂】

el Palau de la Música
エル　パラウ　デ　ラ　ムシカ

❶【カタルーニャ音楽堂】

el Parque Güell
エル　**パ**ルケ　グ**エ**ル

❶【グエル公園】

---

la Casa Milà
ラ　**カ**サ　ミラ

❶【カサ・ミラ】

la Casa Batlló
ラ　**カ**サ　バト**リョ**

❶【カサ・バトリョ】

la Casa Vicens
ラ　**カ**サ　ビセンス

❶【カサ・ビセンス】

la Casa Lleó Morera
ラ　**カ**サ　リュ**オ**　モレラ

❶【カサ・リュオ・モレラ】

---

la Casa Calvet
ラ　**カ**サ　**カ**ルベット

❶【カサ・カルベット】

el Palau Güell
エル　パ**ラ**ウ　グ**エ**ル

❶【グエル邸】

la Finca Güell
ラ　**フィ**ンカ　グ**エ**ル

❶【グエル別邸】

el Hospital Sant Pau
エル　オス**ピ**タル　サン　パウ

❶【サン・パウ病院】

---

la Catedral
ラ　カテ**ド**ラル

❶【カテドラル】

el Montjuïc
エル　モンジュ**イ**ック

❶【モンジュイック城】

el Museo Gaudí
エル　**ム**セオ　ガウディ

❶【ガウディ博物館】

el Museo Picasso
エル　**ム**セオ　ピカソ

❶【ピカソ美術館】

---

el Museo Miró
エル　**ム**セオ　ミロ

❶【ミロ美術館】

el Museo Antoni Tapies
エル　**ム**セオ　アント二　タピエス

❶【アント二・タピエス美術館】

el Museo Cataluña
エル　**ム**セオ　カタ**ルー**ニャ

❶【カタルーニャ美術館】

el Museo Contemporáneo Barcelona
エル　**ム**セオ　コンテンポ**ラ**ネオ　バルセロナ

❶【バルセロナ現代美術館】

---

la Plaza Cataluña
ラ　プラサ　カタルーニャ

🔊【カタルーニャ広場】

el Mercado Sant Josep
エル　メルカド　サン　ジョゼップ

🔊【サン・ジョゼップ市場】

マドリードです

el Museo del Prado
エル　ムセオ　デル　プラド

🔊【プラド美術館】

el Palacio Real
エル　パラシオ　レアル

🔊【王宮】

la Catedral de la Almudena
ラ　カテドラル　デ　ラ　アルムデナ

🔊【アルムデナ大聖堂】

el Palacio de Liria
エル　パラシオ　デ　リリア

🔊【リリア宮殿】

la Plaza Mayor
ラ　プラサ　マヨール

🔊【マヨール広場】

el Gran Vía
エル　グラン　ビア

🔊【グラン・ビア】

la Plaza de España
ラ　プラサ　デ　エスパニャ

🔊【スペイン広場】

la Plaza Villa
ラ　プラサ　ビジャ

🔊【ビリャ広場】

la Plaza Oriente
ラ　プラサ　オリエンテ

🔊【オリエンテ広場】

el Parque del Retiro
エル　パルケ　デル　レティロ

🔊【レティーロ公園】

la Puerta del Sol
ラ　プエルタ　デル　ソル

🔊【プエルタ・デル・ソル】

el Mercado San Miguel
エル　メルカド　サン　ミゲル

🔊【サン・ミゲル市場】

la Plaza de toros Las Ventas
ラ　プラサ　デ　トロス　ラス　ベンタス

🔊【ラス・ベンタス闘牛場】

el Estadio Santiago Bernabeu
エル　エスタディオ　サンティアゴ　ベルナベウ

🔊【サンティアゴ・ベルナベウ・スタジアム】

el Museo Sorolla
エル　ムセオ　ソロジャ

🔊【ソリョーリャ美術館】

el Museo Nacional Arte Reina Sofía
エル　ムセオ　ナショナル　アルテ　レイナ　ソフィア
🔊【国立ソフィア王妃芸術センター】

el Museo Thyssen Bornemisza
エル　ムセオ　ティッセン　ボルネミッサ
🔊【ティッセン・ボルネミッサ美術館】

la Academia Bellas Artes San Fernando
ラ　アカデミア　ベジャス　アルテス　サン　フェルナンド
🔊【王立サン・フェルナンド美術アカデミー】

el Monasterio Descalzas Reales
エル　モナステリオ　デスカルサス　レアレス
🔊【デスカルサス・レアレス修道院】

el Real Monasterio Encarnación
エル　レアル　モナステリオ　エンカルナシオン
🔊【王立エンカルナシオン修道院】

la Ermita San Antonio Florida
ラ　エルミタ　サン　アントニオ　フロリダ
🔊【サン・アントニオ・デ・ラ・フロリダ聖堂】

基本会話

見どころ

グルメ

ショッピング

ビューティ

エンタメ

ホテル

乗りもの

基本情報

単語集

LOOK

□□□ を探しています。

Estoy buscando □□□ .

エストイ　ブスカンド □□□

I'm looking for □□□ .

アンダルシア
です

la Alhambra
ラ　アランブラ

🎵【アルハンブラ宮殿】

---

el Albaicín
エル　アルバイシン

🎵【アルバイシン地区】

la Catedral
(Granada)
ラ　カテドラル
(グラナダ)

🎵【カテドラル (グラナダ)】

la Plaza Nueva
ラ　プラサ　ヌエバ

🎵【ヌエバ広場】

la Catedral (Sevilla)
ラ　カテドラル(セビジャ)

🎵【カテドラル (セビーリャ)】

---

el Alcázar
エル　アルカサル

🎵【アルカザル】

el Archivo General de Indias
エル　アルチボ　ヘネラル　テ　インディアス

🎵【インディアス古文書館】

la Calle Santa Cruz
ラ　カジェ　サンタ　クルス

🎵【サンタ・クルス街】

la Mezquita
ラ　メスキタ

🎵【メスキータ】

---

el Palacio de Viana
エル　パラシオ　テ　ビアナ

🎵【ビアナ宮殿】

la Torre de la Calahorra
ラ　トレ　テ　ラ　カラオラ

🎵【カラオーラの塔】

el Barrio
judio
エル　バリオ
フディオ

🎵【ユダヤ人街】

los pueblos blancos
ロス　プエブロス　ブランコス

🎵【白い街】

その他の
地域です

el barrio antiguo de Toledo
エル　バリオ　アンティグオ　テ　トレド

🎵【トレド旧市街】

las casas
colgantes
ラス　カサス
コルガンテス

🎵【宙吊りの家】

el molino
bianco
エル　モリノ
ビアンコ

🎵【白い風車】

---

el Acueducto romano
エル　アクエドゥクト　ロマノ

🎵【ローマ水道橋】

el Museo Dalí
エル　ムセオ　ダリ

🎵【ダリ美術館】

el Coliseo romano
エル　コリッセオ　ロマーノ

🎵【ローマ円形競技場】

el Museo Guggenheim(Bilbao.)
エル　ムセオ　グッゲンハイム(ビルバオ)

🎵【グッゲンハイム美術館(ビルバオ)】

34

街歩き
Paseo
パセオ

hotel
オテル

J【ホテル】

parador
パラドル

J【パラドール】

estación
エスタシオン

J【駅】

banco
バンコ

J【銀行】

cajero automático
カヘロ　アウトマティコ

J【ATM】

billete
ビジェテ

J【紙幣】

moneda
モネダ

J【硬貨】

cambio de moneda
カンビオ　デ　モネダ

J【両替所】

lavabo
ラバボ

J【トイレ】

teléfono público
テレフォノ　プブリコ

J【公衆電話】

tienda
ティエンダ

J【商店】

supermercado
スペルメルカド

J【スーパー】

mercado
メルカド

J【市場】

tienda de souvenirs
ティエンダ　デ　スベニルス

J【おみやげ屋】

bodega
ボデガ

J【酒蔵（酒屋）】

restaurante
レスタウランテ

J【レストラン】

cafetería
カフェテリア

J【カフェ】

bar
バル

J【バル】

tablao
タブラオ

J【タブラオ】

tienda artículos variados
ティエンダ　アルティクロス　バリアドス

J【雑貨店】

farmacia
ファルマシア

J【薬局】

floristería
フロリステリア

J【花屋】

tienda de marca
ティエンダ　デ　マルカ

J【ブランド店】

biblioteca
ビブリオテカ

J【図書館】

スペインの魅力的な世界遺産を訪れましょう

ガウディ作品群やイスラム建築の跡、古代ローマ帝国の遺跡など、スペインにはたくさんの世界遺産
があります。スペインの多様な歴史と文化を物語る世界遺産に触れてみましょう。

アントニ・ガウディの作品群
Obras de Antoni Gaudí

サグラダ・ファミリ
アの一部を含むガ
ウディのモデルニス
モ作品群。バルセ
ロナのランドマーク
であるサグラダ・ファ
ミリアは、1882
年以来建設が続い
ています。

カタルーニャ音楽堂とサン・パウ病院
Palau de la Música Catalana y hospital de Sant Pau en Barcelona

ガウディと同世
代で「花の建築
家」と呼ばれた
モンタネールの
作品。華やかで
豪華な装飾には
圧倒されます。病
院は現在も使わ
れています。

タラゴナの遺跡群
Conjunto arqueológico de Tarragona

地中海の町、タラゴナには町のあちこちにローマ
時代の遺跡が残されています。円形闘技場やカテ
ドラルは必見です。

古都トレド
Ciudad histórica de Toledo

画家エル・グレコが愛した中世の面影を残す都
市。キリスト教・ユダヤ教・イスラム教が融合した
独特の様式美が見られます。

セゴビア旧市街とローマ水道橋
Ciudad vieja y acueducto de Segovia

古代ローマ時代か
ら発展し、今も中
世の面影が残る
城塞都市。歴史的
に重要な建築物が
多く、中でもローマ
水道橋は今も昔も
街のシンボルとな
っています。

見どころが
いっぱいです。

F 歴史的城塞都市クエンカ
Ciudad histórica fortificada de Cuenca

2本の川に切り込まれた深い谷間に築かれた街。断崖の上に家々が立ち並び、14世紀に建てられた宙吊りの家など興味深い建物が見られます。

I カテドラル、アルカサルとインディアス古文書館
Catedral, Alcázar y Archivo de Indias de Sevilla

かつて貿易都市として栄えたセビーリャには、スペイン最大のカテドラルをはじめ、ムデハル様式のアルカサル、植民地支配の記録が残る古文書館があります。

G アルハンブラ、ヘネラリフェ、アルバイシン地区
Alhambra, Generalife y Albaicín de Granada

歴代の王が住んだアルハンブラ宮殿は、イスラム建築の最高傑作と讃えられています。宮殿内は広大なので、時間には余裕を持って回りましょう。

J サンティアゴ・デ・コンポステーラの巡礼路
Camino de Santiago de Compostela

キリスト教3大聖地のひとつ、サンティアゴへの巡礼は中世から始まり、最盛期には年間50万人が歩きました。信者でなくても歩けるので、チャレンジしてみては？

H コルドバ歴史地区
Centro histórico de Córdoba

イスラム教とキリスト教の2大宗教が共存する複雑な構造のメスキータや、その周辺に広がるユダヤ人街をはじめとした旧市街が見どころです。

K サンティアゴ・デ・コンポステーラ（旧市街）
Ciudad vieja de Santiago de Compostela

スペイン北西部に位置するこの街は、神聖なカテドラルから中世の雰囲気漂う街並み、豊富で新鮮な魚介まで楽しみがたくさんあります。

奇才ガウディの世界へようこそ

バルセロナを中心に数々の作品を残した建築家、ガウディ。
世界的に有名なサグラダ・ファミリア聖堂の他にも、ユニークな建造物がたくさん。
ガウディ・ワールドを見てみましょう。

一世紀以上も建設が続く世界遺産

🌟 サグラダ・ファミリア聖堂
Basílica de Sagrada Família

1882年に着工し、ガウディは31歳のときに二代目主任に就任、以降43年の人生すべてを捧げました。ガウディの死後も建設工事は続けられており、完成にはまだ月日を要します。

キリスト生誕にちなんだ物語が
彫刻で緻密に表現されている

■ 完成済
□ 建設中

東 Este
生誕のファサード
Fachada del Nacimiento
キリストの誕生から幼少期までの様子が、数々の彫刻で表現されている。ガウディの生存中に完成した数少ない部分。

有機的な生命を感じ
させるモチーフ

自然界に多くの
発想を得たガウ
ディらしい生命
体的な内観

設計したのはこの人

アントニ・ガウディ
Antoni Gaudí
1852年、カタルーニャ地方に生まれ、16歳で建築家を目指しバルセロナへ。苦学の末、グエル邸の増改築で建築家として成功。サグラダ・ファミリア聖堂に着手してからは、生涯すべての時間と情熱を捧げた。

西 Oeste
受難のファサード
Fachada de la Pasión
キリストの受難を表しており、中央には磔にされたキリストの彫刻がある。

建設中です

南 Sur
栄光のファサード
Fachada de la Gloria
キリストの栄光を表す。完成すると東～南～西と各ファサードをまわることができ、キリストの生涯を辿ることができる。

バルセロナには
ガウディの作品がたくさん。

ガウディのデザインモチーフ

ガウディのデザインは、植物や動物など自然界のものからアイディアを得ているものが多いため、色彩が豊かであったり、曲線を用いた建築物が多数見られます。

🌸 グエル公園
Parc Güell

バルセロナ市の発展を見越したガウディの生涯のパトロン、グエルは都市開発プロジェクトを計画し、ガウディに依頼しました。しかしグエルの死により未完に終わり、公園だけが残されました。色とりどりのタイルがあしらわれたトカゲの噴水や、園中に多数あるベンチが有名。

🌸 カサ・ミラ
Casa Milà

有機的なエントランスの曲線美は見事

独特な形状から、「ラ・ペドレラ(石切り場)」の愛称で親しまれるガウディ晩年の作品。実業家ペレ・ミラから受注して設計した住居。巨石を思わせる造形は、カタルーニャの聖地、モンセラットの奇岩がモチーフといわれます。

屋上の煙突も不思議な動物の姿をしている

壁や天井、ベンチが鮮やかなタイルで彩られている

お役立ち単語集 WORD			
東	este エステ	建築家	arquitecto アルキテクト
西	oeste オエステ	建築物	edificio エディフィシオ
南	sur スル	建設中	en construcción エン コンストルクシオン
北	norte ノルテ	公園	parque パルケ
		広場	plaza プラサ
		ファサード	fachada ファチャーダ

彫刻	escultura エスクルトゥラ
タイル	azulejo アスレホ
ステンドグラス	vitral／vidriera ビトラル／ビドリエラ
キリスト	Cristo クリスト
曲線	curva クルバ
鮮やかな	brillante ブリジャンテ

イスラム文化が薫る街を歩いてみましょう

700年以上にわたるイスラム王朝支配が続いたため、アンダルシア地方にはイスラム建築が多く残されています。宮殿やカテドラルをじっくり見てみましょう。

グラナダ Granada

アルハンブラ宮殿
La Alhambra

9世紀よりグラナダの歴史を見てきたアルハンブラ宮殿は、「赤い丘」と呼ばれる高台に建ち、中世イスラム建築を代表する傑作です。敷地はナルス宮殿やヘネラリフェも含み広大なため、時間に余裕をもってまわりましょう。

ナルス宮殿 Palacios Nazaríes

ナルス朝時代に王の居城であり、政治の中心であった宮殿。獅子のパティオを囲む回廊は、柱上部に施された彫りが美しいです。人数制限があるので、チケット購入時に入場時間を予約しなければなりません。

ヘネラリフェ Generalife

暑いアンダルシアの夏を涼しく過ごせるよう、庭園にはつねに緑や花が咲き誇り、噴水や池で涼を演出しています。随所に噴水や水路が見られることから、「水の宮殿」とも呼ばれています。

アルバイシン地区
Albaicín

グラナダ旧市街でも最も古い地区で、アルハンブラ宮殿からダロ川を隔てた北側の丘一帯を指します。イスラム支配時代の白壁の街並みが残っており、石畳の細い道が迷路のように入り組んでいます。治安があまりよくないので、夜の一人歩きは避けましょう。

イスラム建築の特徴

イスラム教では偶像崇拝が禁止されているので、植物や幾何学模様のアラベスク、カリグラフィーが用いられています。

セビーリャ Sevilla

アルカサル
Alcázar de los Reyes Cristianos

グラナダから建築家を呼び寄せ、アルハンブラ宮殿を模して造られた宮殿は、ムハデル様式の繊細な石膏細工や格天井がすばらしいです。庭園部分にはアラブ風の中庭や噴水が美しく配置されています。

思い出づくりにぴったりな観光用の馬車

馬車に乗せてください
Por favor, déjame subir en el carro.
ポル ファボル デハメ スビル エン エル カロ

旧市街にはイスラム風の建物も多い

なんとも絵になる小道が多い旧市街

コルドバ Córdoba

メスキータ
Mezquita

イスラム教とキリスト教の2宗教が共存するモスク。かつては1000本以上の円柱が並んでいたという「円柱の森」と呼ばれる広大な空間が最大の見どころです。

ちょっと贅沢して高級レストランへ

豊かな食文化を持つスペイン。せっかくなのでおしゃれをして、
洗練された味と雰囲気を楽しみに出かけましょう。

まずは予約をしましょう

今晩のディナーを予約したいのですが。

Quería hacer una reserva para cenar esta noche.
ケリア　　アセル　ウナ　レセルバ　パラ　セナル　エスタ　ノチェ
I'd like to make a reservation for tonight.

その時間はいっぱいです。

A esa hora tenemos todo completo.
ア　エサ　オラ　テネモス　　トド　　コンプレト
We have no table available at that time.

お席を用意しておきます。

Le reservamos una mesa.
レ　レセルバモス　　ウナ　メサ
We'll have the table ready for you.

8時に2名でお願いしたいのですが。

Quería hacer una reserva para dos personas a las ocho.
ケリア　　アセル　ウナ　レセルバ　パラ　ドス　ベルソナス　アラス　オチョ
I'd like to reserve a table for two at eight o'clock. 数字 ⇒ P.150　時刻 ⇒ P.152

ドレスコードはありますか?

¿Hay que vestir de etiqueta?
アイ　　ケ　　ベスティル　デ　エティケタ ●
Do you have a dress code?

ワンポイント ドレスコードについて

レストランによってはドレスコードがあるお店もあるので、予約時に確認しましょう。
ドレスコードのないお店なら基本的に自由ですが、お店の雰囲気に合った服装を選ぶのが好ましいです。
ざっくりとした目安を確認しておきましょう。

Smart Casual　　カジュアルレストランなど
スマートカジュアル

Elegant　　高級レストランなど
エレガント

男性…
ジャケット
+ネクタイ

女性…
ジャケット
+ワンピースに
アクセサリーで
ドレスアップ

小ぎれいな雰囲気の普段着でOK。ジーンズは避けた方がベターーと言われています。

何時の席を
予約できますか？

¿A qué hora podemos reservar?
ア ケ **オ**ラ ポデモス レセルバル ♪
For what time can we reserve a table?

9時半なら
予約できます。

A las nueve y media podemos reservarle una mesa.
ア ラス ヌ**エ**べ イ メディア ポデモス レセルバルレ **ウ**ナ **メ**サ
We can make a reservation at nine thirty. 数字 ☞ P.150　時刻 ☞ P.152

入店後はスマートにふるまいましょう♪

Scene 1

レセプションで名前を告げ
案内に従い席へ

こんばんは。
予約したタナカです。

Buenas noches. Hice una
reserva a nombre de Tanaka.
ブ**エ**ナス ノ**チェ**ス イセ **ウ**ナ
レ**セ**ルバ ア **ノ**ンブレ デ **タ**ナカ

Scene 2

オーダーは自分の
テーブル担当者に

すみません、
注文をお願いします。

Por favor, ¿me toma
nota?
ポル ファ**ボ**ル メ **ト**マ
ノタ ♪

Scene 3

食事中に音をたてないように
気をつけて

すみません。

Perdón.
ペル**ドン**

Scene 4

落としたものは
自分で拾わない

スプーンを
交換していただけますか？

Por favor, ¿puede
cambiarme la cuchara?
ポル ファ**ボ**ル プ**エ**デ
カンビ**ア**ルメ ラ ク**チャ**ラ ♪

Scene 5

食事中に席を立つときは……

化粧室はどこですか？

¿Dónde está el lavavo?
ドンデ エス**タ** エル ラ**バ**ボ ♪

Scene 6

食事中のタバコはNGです

喫煙できるところは
ありますか？

¿Hay zona de
fumadores?
アイ **ソ**ナ デ
フマ**ド**レス ♪

43

スペインのおいしいごはんを楽しみましょう

その土地の気候や慣習を感じられる郷土料理は、その土地でいただくのがいちばん。
現地でしか味わえない料理をあれこれ試してみましょう。

いらっしゃいませ。
¿Puedo ayudarle?
プエド アジュダルレ？

お店に入って…

席はありますか？	¿Tiene alguna mesa? ティエネ アルグナ メサ 🎵 Do you have a seat?
すみません。 満席です。	Lo siento. Está completo. ロ シエント エスタ コンプレト I'm sorry. All the tables are occupied tonight.
どのくらい待ちますか？	¿Cuánto tendría que esperar? クアント テンドリア ケ エスペラル 🎵 How long do I have to wait?
30分です。	Treinta minutos. トレンタ ミヌトス Thirty minutes.

数字➡P.150　時刻➡P.152

待ちます。／ またにします。	Bien, esperaremos. ／ Volveremos en otra ocasión. ビエン エスペラレモス ／ ボルベレモス エン オトラ オカシオン OK, we'll wait. ／ We'll come back again.
メニューとワインリストを見せてください。	Perdón, ¿puede traerme el menú y la carta de vinos? ベルドン プエデ トラエルメ エル メヌ イ ラ カルタ デ ビノス 🎵 Can I see the menu and the wine list?
何がおすすめですか？	**¿Qué plato recomiendan?** ケ プラト レコミエンダン 🎵 What do you recommend?

注文をお願いします。
¿Puede tomarme nota?
プエデ トマルメ ノタ 🎵

名物料理はありますか？	¿Tiene alguna comida típica del lugar? ティエネ アルグナ コミダ ティピカ デル ルガル 🎵 Do you have any local food?
<u>バエーリャとチョリソ</u>をください。	Paella y chorizo, por favor. バエジャ イ チョリソ ポル ファボル I'd like a paella and a chorizo.

料理➡P.48

この料理をわけて食べます。	Compartiremos este plato. コンパルティレモス エステ プラト We'll share this dish.

44

注文をキャンセルできますか？	**¿Puedo cancelar lo que he pedido?** プエド　カンセラル　ロ　ケ　エ　ペディド 🔊 Can I cancel my order?
すみませんが注文を変更してください。	**¿Puede cambiar lo que he pedido, por favor?** プエデ　カンビアル　ロ　ケ　エ　ペディド　ポル　ファボル 🔊 Can you change my order, please?

いただきます。
Que aproveche.
ケ　アプロベチェ

食事中に…

これはどう食べるのですか？	**¿Cómo se coma esta comida?** コモ　セ　コマ　エスタ　コミダ 🔊 Could you tell me how to eat this?
すみません、<u>ナイフ</u>がありません。	**Perdón, no hay cuchillo.** ペルドン　ノ　アイ　クチジョ Excuse me, I didn't get a knife.
<u>スプーン［フォーク］</u>を落としました。	**Se me ha caído la cuchara [el tenedor].** セ　メ　ア　カイド　ラ　クチャラ［エル　テネドル］ I dropped my spoon[fork].
<u>炭酸ガスの入っていないミネラルウォーター</u>をください。	**Agua mineral sin gas, por favor.** アグア　ミネラル　シン　ガス　ポル　ファボル Mineral water without gas, please.
この料理には十分火が通っていないようです。	**Esta comida no está muy hecha, parece cruda.** エスタ　コミダ　ノ　エスタ　ムイ　エチャ　パレセ　クルダ This dish is rather raw.
グラスが汚れています。取り替えてください。	**El vaso está sucio, ¿puede traer otro?** エル　バソ　エスタ　スシオ　プエデ　トラエル　オトロ 🔊 My glass is dirty. I'd like another one.
テーブルの上を片付けてください。	**Por favor, ¿puede limpiar la mesa?** ポル　ファボル　プエデ　リンピアル　ラ　メサ 🔊 Can you clear the table?
ワインをこぼしてしまいました。	**He derramado el vino.** エ　デラマド　エル　ビノ I spilled my wine.
ここを拭いてもらえますか？	**Por favor, ¿puede limpiar aquí?** ポル　ファボル　プエデ　リンピアル　アキ 🔊 Could you wipe here, please?

スペインのおいしいごはんを楽しみましょう

〈デザートも楽しみてすね〉

デザートのメニューを いただけますか？	**Por favor, la carta de postres.** ポル ファボル ラ **カ**ルタ デ **ポ**ストレス Do you have a dessert menu?
どのデザートが おすすめですか？	**¿Qué postre me recomienda?** ケ **ポ**ストレ メ レコミ**エ**ンダ🔊 Which dessert do you recommend?
洋ナシのタルトを ください。	**Tarta de pera, por favor.** **タ**ルタ デ **ベ**ラ ポル ファ**ボ**ル The pear tarte, please.
まだ食べ終わって いません。	**Todavía no terminé de comer.** トダ**ビ**ア ノ テルミ**ネ** デ コ**メ**ル I've not finished yet.
コーヒーをもう一杯 ください。	**Otro café, por favor.** **オ**トロ カ**フェ** ポル ファ**ボ**ル I'd like another cup of coffee, please.

〈お会計で…〉

会計をおねがいしま す。	**La cuenta, por favor.** ラ ク**エ**ンタ ポル ファ**ボ**ル Check, please.
とても楽しい時間を過 ごせました。ありがとう。	**Lo hemos pasado muy bien. Muchas gracias.** ロ **エ**モス パ**サ**ド **ム**イ ビ**エ**ン **ム**チャス グ**ラ**シアス I really enjoyed my stay. Thank you.
全部でいくらに なりますか？	**¿Cuánto es todo?** ク**ア**ント エス **ト**ド🔊 How much is the total?
これは何の 値段ですか？	**¿Qué precio tiene esto?** ケ プ**レ**シオ ティ**エ**ネ **エ**スト🔊 What's this charge for?

46

ごちそうさまでした。
La comida estaba muy buena.
ラ コミダ エスタバ ムイ ブエナ

基本会話

見どころ

グルメ

ショッピング

ビューティ

エンタメ

ホテル

乗りもの

基本情報

単語集

計算違いが あるようです。	Parece que hay un error en la cuenta. パレセ ケ アイ ウン エロル エン ラ クエンタ I think the check is incorrect.
サラダは 注文していません。	No he pedido ensalada. ノ エ ペディド エンサラダ I didn't order a salad.
計算し直して くれますか?	¿Podría revisar la cuenta? ポドリア レビサル ラ クエンタ Could you check it again?
(ホテルで) 部屋の勘定 につけておいてください。	Cárguelo a la cuenta de mi habitación, por favor. カルゲロ ア ラ クエンタ デ ミ アビタシオン ポル ファボル Will you charge it to my room, please?
支払いはクレジットカ ードでもいいですか?	¿Se puede pagar con tarjeta de crédito? セ プエデ パガル コン タルヘタ デ クレディト Do you accept credit cards?
トラベラーズチェック で支払います。	Pagaré con cheques de viaje. パガレ コン チェックス デ ビアヘ I'll pay by traveler's checks.

ひとことフレーズ

これはいい味ですね。
¡Qué bueno!
ケ ブエノ

すべて満足です。
Todo ha estado muy bien.
トド ア エスタド ムイ ビエン

おなかいっぱいです。
Estoy llena.
エストイ ジェナ

料理を持ち帰ってもいいですか?
¿Podría llevármelo a casa?
ポドリア ジェバルメロ ア カサ

とてもおいしくいただきました。
La comida ha sido excelente.
ラ コミダ ア シド エクセレンテ

これを下げてください。
Baje esto, por favor.
バヘ エスト ポル ファボル

領収書をもらえますか?
¿Podría darme recibo, por favor?
ポドリア ダルメ レシボ ポル ファボル

はありますか?

¿Tiene _____ ?

ティエネ _____ 🔊

Do you have _____ ?

郷土料理
Comida típica
コミダ ティピカ

カタルーニャ料理です

esqueixada
エスケイサーダ

干しダラや野菜をマリネしたサラダ。

🔊【エスケイシャーダ】

zarzuela
サルスエラ

🔊【魚介のトマト煮込】

espinacas a la catalana
エスピナカス ア ラ カタラナ

🔊【ホウレン草の炒めもの】

butifarra
ブティファラ

🔊【松の実入りソーセージ】

habas a la catalana
アバス ア ラ カタラナ

🔊【ソラ豆の煮込】

buñuelos de bacalao
ブニュエロス デ バカラオ

🔊【タラの揚げもの】

ensalada de marisco
エンサラダ デ マリスコ

🔊【シーフードサラダ】

escalibada
エスカリバーダ

🔊【グリル野菜のマリネ】

カスティーリャ料理です

cochinillo asado
コチニージョ アサード

🔊【焼豚】

sopa de castilla
ソパ デ カスティーリャ

🔊【カスティーリャ風スープ】

cocido
コシード

🔊【ヒヨコ豆と肉の煮込】

bacalao al ajo arriero
バカラオ アル アホ アリエーロ

🔊【タラの塩漬けの煮込】

codorniz escabechada
コドルニス エスカベチャーダ

🔊【ウズラの肉の南蛮風】

sopa de ajo
ソパ デ アホ

🔊【ニンニクと卵のスープ】

アンダルシア料理です

gazpacho
ガスパチョ

🔊【野菜の冷製スープ】

salmorejo
サルモレホ

🔊【トマトのスープ】

rabo de toro
ラボ デ トロ

🔊【雄牛のしっぽのシチュー】

flamenquín huevo
フラメンキン ウエボ

🔊【野菜やハムのトマト煮込】

48

バレンシア料理です

paella valenciana
パエジャ　バレンシアナ

🎵【ウサギ肉のパエーリャ】

esgarraet con mojama
エスガリャエト　コン　モハマ
🎵【ピーマンとタラの和えもの】

consomé con pelotas
コンソメ　コン　ペロタス
🎵【肉団子入りスープ】

バスク料理です

pinchos
ピンチョス
様々な素材のおつまみ。
🎵【ピンチョス】

rape
ラペ

🎵【アンコウの炭火焼】

angulas de aguinaga
アングラス　デ　アギナガ

🎵【ウナギの炒めもの】

bacalao al pil pil
バカラオ　アル　ピル　ピル

🎵【タラの煮込】

cocochas
ココチャス

🎵【白身魚の下あご肉の煮込】

ガリシア料理です

gambas a la plancha
ガンバス　ア　ラ　プランチャ

🎵【エビのグリル】

merluza a la gallega
メルルーサ　ア　ラ　ガジェーガ

🎵【魚のソテー】

pulpo a la gallega
プルポ　ア　ラ　ガジェーガ

🎵【茹でダコの薄切り】

lacón con grelos
ラコン　コン　グレロス

🎵【豚肉とカブの葉の煮込】

アストゥリアス料理です

fabada asturiana
ファバーダ　アストゥリアーナ

🎵【豆とチョリソの煮込】

merluza a la sidra
メルルーサ　ア　ラ　シードラ

🎵【白身魚のリンゴ酒煮込】

タパス
Tapas
タパス

魚介のタパスです

mejillones al vapor
メヒリョーネス　アル　バポル

🎵【ムール貝の白ワイン蒸し】

boquerones fritos
ボケロネス　フリトス

🎵【カタクチイワシのフライ】

calamares fritos
カラマレス　フリトス

🎵【イカリングのフライ】

boquerones en vinagre
ボケロネス　エン　ビナグレ

🎵【カタクチイワシの酢漬け】

LOOK

| をください。

_____, por favor.
ポル ファボル

_____, please.

gambas al ajillo
ガンバス アル アヒージョ

♪【エビのニンニク風味】

almejas a la marinera
アルメハス ア ラ マリネラ

♪【アサリの漁師風煮込】

merluza frita
メルルーサ フリタ

♪【白身魚のフライ】

chipirones en su tinta
チピロネス エン ス ティンタ

♪【イカと野菜の墨煮】

navajas salteadas al ajillo
ナバハス サルテアダス アル アヒージョ

♪【マテ貝のニンニク炒め】

肉のタパスです

callos a la madrileña
カリョス ア ラ マドリレーニャ

♪【豚の内臓の煮込】

pincho moruno
ピンチョ モルーノ

♪【牛肉の串焼き】

albóndigas
アルボンディガス

♪【ミートボール】

oreja
オレハ

♪【豚の耳の煮込】

jamón serrano
ハモン セラノ

野菜のタパスです

♪【生ハム】

verduras asadas
ベルドゥラス アサーダス

♪【野菜の鉄板焼き】

pan con tomate
パン コン トマテ

♪【パンのトマト風味】

aceitunas
アセイトゥナス

♪【オリーブの塩漬け】

pimientos asados
ピミィエントス アサードス

♪【赤ピーマンのグリル】

ensaladilla de arroz
エンサラディジャ デ アロス

♪【米と豆のサラダ】

patatas con ali oli
パタタス コン アリオリ

♪【ジャガイモのアリオリソース和え】

patatas bravas
パタタス ブラバス

♪【揚げジャガイモ】

ensaladilla rusa
エンサラディジャ ルサ

♪【ポテトサラダ】

その他のタパスです

croquetas
クロケタス

♪【コロッケ】

50

tortilla de patatas トルティージャ デ パタタス	caracoles カラコレス	patatas fritas パタタス フリタス	素材 Ingredientes イングレディエンテス
❶【スペイン風オムレツ】	❶【カタツムリのワイン煮込】	❶【フライドポテト】	
carne de vaca カルネ デ パカ	carne de ternera カルネ デ テルネラ	carne de pollo カルネ デ ポジョ	carne de cerdo カルネ デ セルド
❶【牛肉】	❶【仔牛肉】	❶【鶏肉】	❶【豚肉】
carne de cordero カルネ デ コルデロ	carne de cabrito カルネ デ カブリト	conejo コネホ	codorniz コドルニス
❶【仔羊肉】	❶【仔ヤギ肉】	❶【ウサギ肉】	❶【ウズラ肉】
muslo ムスロ	chuletas チュレタス	rabo ラボ	huevos ウエボス
❶【もも肉】	❶【あばら肉】	❶【テール】	❶【卵】
merluza メルルーサ	calamares カラマレス	sardinas サルディナス	mejillones メヒヨネス
❶【タラ】	❶【イカ】	❶【イワシ】	❶【ムール貝】
anguila アンギラ	anchoas アンチョアス	navajas ナバハス	pulpo プルポ
❶【ウナギ】	❶【アンチョビ】	❶【マテ貝】	❶【タコ】
cangrejo カングレホ	tomate トマテ	patatas パタタス	cebolla セボジャ
❶【カニ】	❶【トマト】	❶【ジャガイモ】	❶【タマネギ】
pepino ペピーノ	pimientos ピミエントス	zanahoria サナオリア	berenjena ベレンヘナ
❶【キュウリ】	❶【ピーマン】	❶【ニンジン】	❶【ナス】
setas セータス	espárragos エスパラゴス	brócoli ブロッコリ	coliflor コリフロル
❶【キノコ】	❶【アスパラガス】	❶【ブロッコリー】	❶【カリフラワー】
espinacas エスピナカス	habichuelas アビチュエラス	habas アバス	apio アピオ
❶【ホウレン草】	❶【インゲン豆】	❶【ソラ豆】	❶【セロリ】
col コル	lechuga レチュガ	aguacate アグアカテ	arroz アロース
❶【キャベツ】	❶【レタス】	❶【アボカド】	❶【米】

51

をください。

, por favor.
ボル　ファボル

, please.

LOOK

郷土菓子
Postres típicos
de la región
ポストレス　ティピコス
デ　ラ　レヒオン

coca
コカ

❶【松の実のパイ】

crema catalana
クレマ　カタラナ

❶【クレーム・ブリュレ】

mazapán
マサパン

❶【アーモンドの焼菓子】

pionono
ピオノノ

スポンジに
甘いクリー
ムがのった
アンダルシ
アの菓子。
❶【ピオノノ】

飲みもの
Bebidas
ベビダス

vino tinto
ビノ　ティント

❶【赤ワイン】

vino blanco
ビノ　ブランコ

❶【白ワイン】

vino rosado
ビノ　ロサド

❶【ロゼワイン】

cava
カバ

カタルー二
ャ地方で生
産されるス
パークリン
グワイン。
❶【カバ】

jerez
ヘレス

ヘレスとその
周辺の街で
独特の製法
で作られて
いるワイン。
❶【シェリー】

sangría
サングリア

赤ワインに
柑橘系の果
物を入れて
風味をつけ
たもの。
❶【サングリア】

tinto de verano
ティント　デ
ベラーノ

❶【赤ワインの炭酸割り】

cerveza
セルベサ

❶【瓶(缶)ビール】

caña
カニャ

❶【生ビール】

café
カフェ

❶【コーヒー】

té
テ

❶【紅茶】

zumo
スーモ

❶【ジュース】

horchata
オルチャータ

❶【植物の根のジュース】

whisky
ウィスキー

❶【ウィスキー】

ginebra
ヒネブラ

❶【ジン】

brandy
ブランデー

❶【ブランデー】

cocktail
コクテル

❶【カクテル】

soda
ソーダ

❶【ソーダ】

coca cola
コカ　コーラ

❶【コーラ】

基本会話

見どころ

グルメ

ショッピング

ビューティ

エンタメ

ホテル

乗りもの

基本情報

単語集

調理法

Método de cocinado
メトド デ コシナド

a la plancha
ア ラ プランチャ
❶【焼いた】

al horno
アル オルノ
❶【オーブンで焼いた】

hervido
エルビド
❶【ゆでた】

bañado en aceite
バニャド エン アセイテ
❶【オイル漬けした】

marinado
マリナド
❶【酢漬けにした】

cocido
コシド
❶【煮込んだ】

frito
フリト
❶【揚げた】

machacado
マチャカド
❶【つぶした】

crudo
クルド
❶【生の】

fresco
フレスコ
❶【新鮮な】

cortado a rodajas
コルタド ア ロダハス
❶【薄切りにした】

especias
エスペシアス
❶【香辛料のよく効いた】

sazonado
サソナド
❶【味をつけた】

ahumado
アウマド
❶【燻製にした】

al vapor
アル バポル
❶【蒸した】

調味料

Condimentos
コンディメントス

aceite de oliva
アセイテ デ オリバ
❶【オリーブオイル】

vinagre de vino
ビナグレ デ ビノ
❶【ワインビネガー】

relleno
レジェノ
❶【詰め物をした】

vinagre balsámico
ビナグレ バルサミコ
❶【バルサミコ酢】

aceite
アセイテ
❶【油】

vinagre
ビナグレ
❶【酢】

pimienta
ピミエンタ
❶【コショウ】

sal
サル
❶【塩】

azúcar
アスカル
❶【砂糖】

mostaza
モスタサ
❶【マスタード】

pimentón
ピメントン
❶【パプリカ】

hierbas
イエルバス
❶【ハーブ】

pimiento picante
ピミエント ピカンテ
❶【トウガラシ】

ajo
アホ
❶【ニンニク】

mayonesa
マヨネサ
❶【マヨネーズ】

味

Sabores
サボレス

picante
ピカンテ
❶【辛い】

mayonesa de ali oli
マヨネサ デ アリオリ
❶【ニンニク入りマヨネーズ】

mantequilla
マンテキジャ
❶【バター】

ácido
アシド
❶【すっぱい】

dulce
ドゥルセ
❶【甘い】

salado
サラド
❶【塩辛い】

amargo
アマルゴ
❶【苦い】

seco
セコ
❶【辛口の】

semi seco
セミ セコ
❶【中辛の】

dulce
ドゥルセ
❶【甘口の】

caliente
カリエンテ
❶【温かい】

frío
フリオ
❶【冷たい】

バルでいろいろなタパスを味わいましょう

お酒のつき出しから発展したタパスは、食事としてもボリューム十分、
種類豊富で楽しめます。まずはお店オススメのタパスから試してみては？

タパスを注文しましょう

注文を おねがいします。	**Por favor, ¿me toma nota?** ポル　ファボル　メ　　トマ　　ノタ I'd like to order, please.
おすすめのタパスは ありますか？	**¿Qué tapas me recomienda?** ケ　　　**タ**パス　メ　レコミィ**エ**ンダ What tapas do you recommend?
トルティーリャ・エスパ ニョーラはありますか？	**¿Tiene tortilla española?** ティ**エ**ネ　トル**ティ**ージャ エスパ**ニョ**ラ Do you have a tortilla española?
クロケタを ください。	**Unas croquetas, por favor.** **ウ**ナス　クロ**ケ**タス　　　ポル ファボル I'd like a croquette, please.
日本語のメニューは ありますか？	**¿Tiene una carta en japonés?** ティ**エ**ネ　**ウ**ナ　**カ**ルタ　エン　ハポ**ネ**ス? Do you have a Japanese menu?
これはどんな料理で すか？	**¿Cómo es este plato?** **コ**モ　　　エス **エ**ステ プ**ラ**ト What is this dish like?
魚料理のおすすめは 何ですか？	**¿Qué pescado me recomienda?** ケ　　　ペス**カ**ド　メ　　レコミィ**エ**ンダ Which fish dish do you recommend?
チョリソが入ったトルテ ィーリャはありますか？	**¿Tiene tortilla de chorizo?** ティ**エ**ネ　トル**ティ**ージャ デ チョ**リ**ソ Do you have a tortilla with some chorizos?
グリーンサラダは ありますか？	**¿Tiene ensalada verde?** ティ**エ**ネ　エン**サ**ラダ　**ベ**ルデ Do you have a green salad?
付け合わせは 何がありますか？	**¿Tiene algún plato de acompañamiento?** ティ**エ**ネ　ア**ル**グン　プ**ラ**ト　デ　アコンパニャミィ**エ**ント Do you have any side dishes?

54

基本会話

見どころ

グルメ

ショッピング

ビューティ

エンタメ

ホテル

乗りもの

基本情報

単語集

タパスの種類はいろいろ

チャンビニョネス・アル・アヒーリョ
champiñones al ajillo
チャムピニョネス アル アヒジョ

マッシュルームの鉄板焼き。肉厚のマッシュルームの上にニンニク、チョリソ、パセリをのせて焼いたもの。

ケソ・マンチェゴ
queso manchego
ケソ マンチェゴ

チョリソ
chorizo
チョリソ

ラ・マンチャ地方のヤギのチーズ。強い香りとツンとくる辛みが特徴的。スペインチーズの中でも人気があり、バルの定番。

ハーブやスパイスの入ったドライソーセージ。そのまま食べても、炒めたり煮たりしてもおいしい。地方ごとに種類は豊富。

カラコレス
caracoles
カラコレス

カラコレス（カタツムリ）をニンニクと赤ワインで煮込んだ料理。サザエのような食感が楽しめる。トマトソースで煮込むこともある。

アセイトゥナス
aceitunas
アセイトゥナス

スペインの特産であるオリーブの塩漬け。酒のつまみにもぴったりの一品。種類はグリーンと、完熟に近いブラックが一般的。

トルティーリャ・デ・パタタス
tortilla de patatas
トルティージャ デ パタタス

ジャガイモと玉ネギが入ったスペイン風オムレツ。ホウレンソウやチョリソを入れたものなど種類は豊富。

ビミエントス・デ・パドロン
pimientos de padrón
ビミエントス デ パドロン

シシトウに似た野菜。ビミエントをオリーブオイルでさっと焼いたもの。たまに辛いものもあるので注意。

クロケタ
croquetas
クロケタス

日本のものより小さめで、俵型をしたコロッケ。中身は店によってさまざまだが、ホワイトソースがメイン。

エンサラダ・ルサ
ensaladilla rusa
エンサラダ ディージャ ルサ

日本のものより少しクリーミーなポテトサラダで、スペイン版お袋の味。マヨネーズソースとの相性も良い。

パン・コン・トマテ
pan con tomate
パン コン トマテ

パンの表面に熟したトマトをすり付け、オリーブオイルをかけたカタルーニャ地方の名物。ハムなどをのせて食べるのもおすすめ。

チピロネス・エン・ス・ティンタ
chipirones en su tinta
チピロネス エン ス ティンタ

小さめのイカの墨煮。いろいろな野菜と一緒にじっくり煮込んだ、栄養満点の人気メニュー。少し濃いめの味付けなので、ライスが添えてあることも。

カリョス・ア・ラ・マドリレーニャ
callos a la madrileña
カリョス ア ラ マドリレーニャ

豚の内臓を煮込んだモツ煮のようなものだが、臭みはまったくない。少しとろみがついたコクのあるスープが絶品で、後ひく味わい。

街かどのカフェでひとやすみ

落ち着いた内装が魅力の老舗カフェや、最新のトレンドの店など、
お気に入りのカフェを探して街を散策するのも楽しいですね。

カフェで…

こんにちは。
Hola.
オラ

こんにちは。何名様ですか？
Hola. ¿Cuántos son ?
オラ　クアントス　ソン🎵

1人です。
Una persona.
ウナ　ペルソナ

店内席かテラス席、どちらが良いですか？
¿Qué prefiere mesa o terraza ?
ケ　プレフィエレ　メサ　オ　テラサ🎵

テラス [カウンター] 席でお願いします。
En la terraza [la barra], por favor.
エン　ラ　テラサ [ラ　バラ]　ポル　ファボル

はい、こちらへどうぞ。
Por aquí, acompáñeme, por favor.
ポル　アキ　アコンパニャメ　ポル　ファボル

席について…

メニューをお願いします。
La carta, por favor.
ラ　カルタ　ポル　ファボル

食事用ですか、飲み物用ですか？
¿Quiere comer o sólo tomar algo ?
キエレ　コメル　オ ソロ　トマル　アルゴ🎵

両方お願いします。
Las dos cosas.
ラス　ドス　コサス

注文は…

お決まりですか？
¿Ha decidido ya ?
ア　デシディド　ジャ🎵

コーヒーとクロワッサンをください。
Un café y un cruasán.
ウン　カフェ　イ　ウン　クルアッサン

途中で…

問題ないですか？
Señora ¿Todo bien ?
セニョーラ　トド　ビエン🎵

大丈夫です。おいしいです。
Sí, muy bien, está muy rico.
シィ　ムイ　ビエン　エスタ　ムイ　リッコ

ミルクをください。
Leche, por favor.
レチェ　ポル　ファボル

どれもおいしそう・・・！
¡Todos parecen
deliciosos...!
トドス　パレセン　デリシオソス

デザートメニューをください。
La carta de postres, por favor.
ラ　カルタ　デ　ポストレス　ポル　ファボル

基本会話

見どころ

グルメ

ショッピング

ビューティ

エンタメ

ホテル

乗りもの

基本情報

単語集

メニューについて聞いてみましょう

| セットメニューは
ありますか? | ¿Tiene menú?
ティ**エ**ネ メ**ヌ** ◕
Do you have a set meal? |

| これは何ですか? | ¿Qué es esto?
ケ エス**エ**スト ◕
What is this? |

| おすすめは
どれですか? | ¿Qué recomiendan?
ケ レコミィ**エ**ンダン ◕
Which do you recommend? |

| 私も同じものを
ください。 | Yo también tomaré lo mismo.
ジョ タンビ**エ**ン トマ**レ**ー ロ ミスモ
Same for me. |

| 日替わり料理[デザート]は何ですか? | ¿Cuál es el plato [postre] del día?
ク**ア**ル エス エル プ**ラ**ト [**ポ**ストレ] デル **ディ**ア ◕
What is today's dish [dessert]? |

| 取り分けたいのですが… | ¿Podemos compartir este plato?
ポデモス コンパル**ティ**ル エステ プ**ラ**ト ◕
Is it possible to share this dish? |

| コーヒーのおかわりを
ください。 | Por favor, una taza más de café.
ポル ファ**ボ**ル ウナ **タ**サ マス デ カ**フェ**
Could I have another cup of coffee, please? |

ワンポイント Caféのお話

ひと言でカフェといっても、種類はさまざま。
代表的なカフェはこちら。日本とは違う呼び方なので、頼むときは要注意。

| カフェ・ソロ
Café solo
小さなカップで出されるエスプレッソ | カフェ・コン・レチェ
Café con leche
カフェ・オレのこと。
朝食の定番ドリンク | カフェ・コルタード
Café cortado
エスプレッソにミルクを少し入れたもの | マンチャード
Manchado
ミルクにエスプレッソを少量加えたもの | デスカフェイナード
Descafeinado
カフェインの入っていないコーヒーのこと |

をください。 **LOOK**

＿＿＿＿, por favor.
　　　　ポル　ファボル
＿＿＿＿, please.

カフェメニュー
Menú cafetería
メヌ　カフェテリア

bollos
ボジョス
❶【菓子パン】

---

chocolote con churros
チョコラテ　コン　**チュ**ロス
❶【チョコレート・チュロス】

porras
ポーラス
❶【ドーナツ】

tarta de santiago
タルタ　デ　サンティ**ア**ゴ
❶【アーモンドケーキ】

panecillo
パネシジョ
❶【マフィン】

---

helado
エラド
❶【アイスクリーム】

galleta
ガジェタ
❶【クッキー】

macarrón
マカロン
❶【マカロン】

chocolate
チョコラテ
❶【チョコレート】

---

café
カフェ
❶【コーヒー】

té
テ
❶【紅茶】

zumo
スーモ
❶【ジュース】

agua mineral
アグア　ミ**ネラ**ル
❶【ミネラルウォーター】

---

agua mineral con gas
アグア　ミ**ネラ**ル　コン　ガス
❶【炭酸入りミネラルウォーター】

café con hielo
カフェ　コン　イエロ
❶【アイスコーヒー】

infusión
インフシオン
❶【ハーブティー】

カフェでまったり～
しましょう。

---

té con limón
テ　コン　リモン
❶【レモンティー】

chocolate
チョコラテ
❶【ココア】

coca cola
コカ　**コー**ラ
❶【コーラ】

飲みもの❶P.52

ミルクは熱く［ぬるめに］してください。	La leche caliente [templada], por favor. ラ　レチェ　カリエンテ　［テンプラダ］　　ポル　ファボル Hot [Warm] milk, please.
コーヒーはカップ［グラス］に入れてください。	Sírvame el café en taza [vaso], por favor. シルベメ　エル　カフェ　エン　タサ　［バソ］　ポル　ファボル I'd like my coffee in a cup [glass], please.

チーズやオリーブオイルの量り売りにチャレンジ

チーズの種類はこちら

 白カビ
moho blanco
モホ ブランコ
表面は白カビで覆われ、マイルドでクリーミーな味わい。

 フレッシュ
fresco
フレスコ
熟成させないタイプで、作り立てがおいしい。

 セミハード
semi duro
セミ ドゥーロ
ゆっくりと熟成するタイプ。比較的硬いチーズ。

 ウオッシュ
lavado
ラバド
濃厚な味わいで、ワインによく合う。

チーズ ☞P.61

オリーブオイルの種類はこちら

 エクストラバージン
virgen extra
ビルヘン エクストラ
風味がすばらしい。酸度が0.8%以下と低く最高級のもの。

 ファインバージン
virgen fino
ビルヘン フィノ
酸度が2%以下で、風味香りが大変良いもの。

 オーディナリーバージン
virgen normal
ビルヘン ノルマル
酸度が3.3%以下。エクストラよりは劣るが良好な風味がある。

 ピュアオリーヴオイル
aceite de oliva puro
アセイテ デ オリバ プロ
バージンオイルと精製したオイルをブレンドしたもの。

AOPとは?
EU原産の農産物の保護や品質保証を目的とする認証制度。認定商品にはAOPマークが表示されています。

お役立ち単語集
WORD

		産地	producto regional プロドゥクト レヒオナル	マイルドな	medio メディオ
		酸味	acidez アシデス	クリーミーな	cremoso クレモソ
羊乳	leche de oveja レチェ デ オベハ	コクのある	con cuerpo コン クエルポ	塩味の効いた	salado サラド
原料	ingredientes イングレディエンテス	なめらかな	suave スアベ	香りのある	con aroma コン アロマ

チーズやオリーブオイルを買ってみましょう

<u>マンチェゴ</u>を <u>150</u>グラムください。	Póngame 150 gramos de manchego, por favor. ポンガメ シェント シンクエンタ グラモス デ マンチェゴ ポル ファボル 150 grams of manchego, please.	チーズ ☞P.61 数字 ☞P.150
このオリーブオイルを <u>500</u>mlください。	¿Quisiera comprar 500 mililitros de este aceite de oliva? キシエラ コンプラル キニエントス ミリリトロス デ エステ アセイテ デ オリバ 🔊 Could I have 500 ml of this olive oil?	数字 ☞P.150
原料は何ですか?	¿De qué está hecho esto? デ ケ エスタ エチョ エスト 🔊 What is this made from?	

チーズ・生ハム・ソーセージを買ってみましょう

スペイン各地の様々な自然環境で育まれたチーズ・生ハム・ソーセージは個性豊かで種類も豊富です。色々試してみましょう。

では注文しましょう

こんにちは。
Hola.
オラ

いらっしゃいませ。
¿Puedo ayudarle?
プエド　アジュダルレ

ハムを200gと、チョリソを1本ください。
Quería 200 gramos de jamón y un chorizo.
ケリア　ドスシェントス　グラモス　デ　ハモン　イ　ウン　チョリソ

他にご注文は？
¿Desea algo más?
デセア　アルゴ　マス

それと、このチーズを100gください。／以上です。
Quería comprar 100 gramos de queso./ Nada más.
ケリア　コンプラル　シエン　グラモス　デ　ケソ　／ナダ　マス

15ユーロになります。
Son 15 euros.
ソン　キンセ　エウロス

50ユーロしかありません。おつりをお願いします。
Sólo tengo un billete de 50 ,
¿puede darme cambio?
ソロ　テンゴ　ウン　ビジェテ　デ　シンクエンタ
プエデ　ダルメ　カンビオ

はい、35ユーロおつりです。
Sí, tome su cambio, 35 euros.
シィ　トメ　ス　カンビオ　トレンタ　イ　シンコ　エウロス

ありがとう。
Gracias.
グラシアス

チーズや生ハムを買うなら、地元の人々にも親しまれ、ボケリアと呼ばれるサン・ジョセップ市場がおすすめ。市場内ではこれらを量り売りで真空パックにしてくれます。ただし、肉製品は通常日本へ持ち込めないので気をつけましょう。

基本会話

見どころ

グルメ

ショッピング

ビューティ

エンタメ

ホテル

乗りもの

基本情報

単語集

LOOK

☐☐☐ をください。

☐☐☐ , por favor.
ポル ファボル

☐☐☐ , please.

チーズ

Queso
ケソ

queso manchego
ケソ マンチェゴ

強い香り
と辛味が
特徴。

🔊【ケソ・マンチェゴ】

queso Extremadura
ケソ エクストゥレマドゥラ

スプーンで
食べるク
リーミーな
チーズ。

🔊【ケソ・エストレマドゥーラ】

cabra artesano
カブラ アルテサノ

香りは独特
だがクセが
なく食べや
すい。

🔊【カブラ・アルテサーノ】

manchego curado
マンチェゴ クラド

濃厚なコク
があり赤ワ
インによく
合う。

🔊【マンチェゴ・クラド】

cerrato Palencia Prouincis
セラト パレンシア プロインシス

クセの少
ないセミ
ハードタ
イプ の
チーズ。

🔊【セラト・パレンシア・プロインシス】

crema Gallega
クレマ ガジェガ

とろりと
したなめ
らかな食
感。

🔊【クレマ・ガジェガ】

生ハム

Jamón serrano
ハモン セラーノ

jamón serrano
ハモン セラーノ

🔊【ハモン・セラーノ】

jamón ibérico
ハモン イベリコ

🔊【ハモン・イベリコ】

ソーセージ

Embutidos
エンブティドス

chorizo de jabugo
チョリソ デ ハブーゴ

🔊【チョリソ・デ・ハブーゴ】

chorizo de salamanca
チョリソ デ サラマンカ

🔊【チョリソ・デ・サラマンカ】

morcilla de ibérica
モルシーリャ デ イベリカ

🔊【モルシーリャ・デ・イベリカ】

salchichón vic
サルチチョン ビク

🔊【サルチチョン・ヴィック】

Aiguafreda salchichón a la pimienta
アイグァフレダ サルチチョン ア ラ ピミエンタ
🔊【アイグァフレダ・サルチチョン・ア・ラ・ピメンタ】

Lérida Balaguer Secallona
レリダ バラゲル セカリョーナ
🔊【レリダ・バラゲル・セカリョーナ】

迷った
ときは
…

今日のおすすめは何ですか？

¿Qué recomiendan hoy?
ケ レコミィエンダン オイ🔊
What do you recommend today?

本場のパエーリャを堪能しましょう

日本で最もポピュラーなスペイン料理といえばパエーリャ。
パエジャーラと呼ばれる専用の鍋で炊いた本場の一品をぜひ味わいたいですね。

イカ墨のパエーリャ
paella negra
パエジャ ネグラ
イカの香ばしさが風味
を出している。

メニューを
見せてください。
¿Puedo ver la
carta?
プエド ベル ラ
カルタ🔊

魚介のパエーリャ
paella de mariscos
パエジャ デ マリスコス
エビや貝などの海の
幸がふんだんに使わ
れている。

パスタのパエーリャ
fideuá a banda
フィデウア ア バンダ
米の代わりにフィディオス
と呼ばれるパスタを使う。

このパエーリャを
ください。
Esta paella,
por favor.
エスタ パエジャ
ボル ファボル

キノコとタラのパエーリャ
paella de setas y bacalao
パエジャ デ セタス イ バカラオ
マッシュルームなどのキ
ノコとタラが入っている。

パエーリャのおいしさの秘密

米 バレンシア米は日本のものより粒が大きい。炊いても粘り気が少なく、一粒一粒にスープの旨みが染み込みます。

調味料 パエーリャに欠かせない香辛料といえばサフラン。パエーリャをおいしそうな黄色に染め上げます。

具・スープ 複数の具材と一緒に煮込むことにより、相乗効果でおいしいだしが出ます。米に染み込むスープこそパエーリャの要。

ミックスパエーリャ
paella mixta
パエジャ　ミクスタ
鶏肉などの肉と魚介、野菜が一緒に入っている。

スプーンと取り皿をください。
Una cuchara y un plato, por favor.
ウナ　クチャラ　イ　ウン
プラト　ポル　ファボル

野菜のパエーリャ
paella de verduras
パエジャ　デ　ベルドゥーラス
ピーマンやパプリカ、トマトなど野菜のみが入っている。

ロブスターのパエーリャ
paella de langosta
パエジャ　デ　ランゴスタ
ロブスターのほか魚介がふんだんに入り、見た目も鮮やか。

この料理を分けて食べます。
Compartiremos esta comida.
コンパルティレモス
エスタ　コミダ

アロス・ア・バンダ
arroz a banda
アロス　ア　バンダ
白身魚を煮ただし汁で米を炊きこんだもの。

63

テイクアウトでスペインの食文化を知りましょう

お散歩の途中に、手軽に小腹を満たしてくれるテイクアウトメニュー。
旅先ならではの一品を選んで、青空の下で味わうのも格別です。

チュロス専門店に行ってみましょう
日本ではスイーツとしておなじみのチュロスですが、本場スペインのものは甘くなく、カラッとしています。形も渦巻状に揚げてからハサミで短くカットしたものや、馬蹄型のものなどがあります。チョコラーテ（濃いココア）に浸したりして食べます。

では注文してみましょう

こんにちは。
Hola.
オラ

いらっしゃいませ。
¿Puedo ayudarle?
プエド　アジュダルレ

チュロス1つとチョコラーテを1つください。
Una de churros con chocolate, por favor.
ウナ　デ　**チュロス**　コン　チョコ**ラ**テ　ポル　ファボル

ここで召し上がりますか？
¿Quieren comer aquí?
キエレン　コメル　アキ

持ち帰ります。／ここで食べます。
Es para llevar. / Para tomar aquí.
エス　パラ　ジェバル／　**パラ**　トマル　アキ

砂糖はかけますか？
¿Con azúcar?
コン　ア**ス**カル

お願いします。／けっこうです。
Sí, gracias. / No, gracias.
シィ　グラシアス／　ノ　　グラシアス

5ユーロになります。
Son 5 euros.
ソン　**シ**ンコ　**エ**ウロス

（代金を出して）はい、どうぞ。
Sí, tome.
シィ　**ト**メ

ありがとうございました。
Muchas gracias.
ムチャス　グラ**シ**アス

LOOK

[　　　] をください。

[　　　] , **por favor.**

[　　　] ポル　ファ**ボ**ル

[　　　] , please.

テイクアウト
Comida para llevar
コミダ　パラ
ジェバル

bocadillo
ボカ**ディ**ジョ

Ⓙ【サンドイッチ】

empanada
エンパ**ナ**ダ

Ⓙ【包み焼きパイ】

tortilla
トル**ティー**リャ

Ⓙ【スペイン風オムレツ】

pita
ピタ

Ⓙ【ピタサンド】

pizza
ピツァ
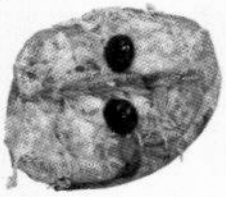
Ⓙ【ピッツァ】

hamburguesa
アンブル**ゲ**サ

Ⓙ【ハンバーガー】

perrito caliente
ペ**リ**ト　カリ**エ**ンテ

Ⓙ【ホットドッグ】

patatas fritas
パ**タ**タス
フ**リ**タス

Ⓙ【フライドポテト】

churros
チュロス

Ⓙ【チュロス】

cruasán
クルア**サ**ン

Ⓙ【クロワッサン】

helado
エ**ラ**ド

Orxata
Ⓙ【ジェラート】

chocolate
チョコ**ラ**テ

Ⓙ【チョコレートドリンク】

zumo natural
スーモ
ナトゥ**ラ**ル

Ⓙ【フレッシュジュース】

飲みもの➡P.52

ワンポイント 具材を選んでみましょう

[　　　] を入れてください。

Con [　　　] , por favor.

コン [　　　] ポル　ファ**ボ**ル

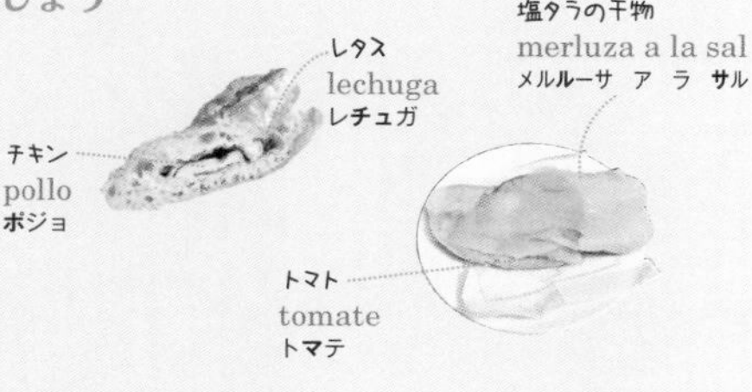
チキン
pollo
ポジョ
レタス
lechuga
レ**チュ**ガ
塩タラの干物
merluza a la sal
メル**ルー**サ　ア　ラ　**サ**ル
トマト
tomate
ト**マ**テ

具材はもちろん、パンの種類もさまざまです。いろいろな組み合わせを楽しみましょう。

ほかの具材はこう言います

生ハム	ツナ	野菜	チーズ	たまご	バター
jamón serrano	atún	verdura	queso	huevos	mantequilla.
ハモン　セラノ	アトゥン	ベル**ドゥ**ラ	**ケ**ソ	ウ**エ**ボス	マンテ**キ**ジャ

スイーツも旅の楽しみですね

スペイン人は甘いお菓子が大好き。
たくさんあるお菓子の中から、今日はどれにしましょうか？

クレームブリュレ
crema catalana
クレマ　カタラナ

スペイン版のクレームブリュレ。クリーミーなカスタードクリームの濃厚な味わい。

フレンチトースト
torrija
トリハ

卵と牛乳を使ったお菓子。スペイン版のフレンチトースト。

ヘーゼルナッツのタルト
tarta de avellana
タルタ　デ　アベジャナ

ヘーゼルナッツをヌガーで固めた、スペイン人が好きな伝統菓子。

ピオノノ
pionono
ピオノノ

グラナダ郊外サンタ・フェの郷土菓子。スポンジの上に甘いクリームがのっている。

チュロス
churros
チュロス

絞り器で絞り出した小麦のたねを油で揚げ、ホットチョコレートを付けたりして食べる。

マカロン
macarrón
マカロン

カラフルでバラエティ豊かなマカロンは見た目にも楽しい。いろいろな味を試したい。

注文をしてみましょう

このケーキを1つください。	Uno de estos pasteles, por favor. ウノ　デ　**エ**ストスパステレス　ボル ファ**ボ**ル I'll have one of these cakes.	数字 ● P.150
おすすめは何ですか？	¿Qué me recomienda? ケ　メ　レコミィ**エ**ンダ ♪ What do you recommend?	
マカロンを10個ください。	10 macarróns, por favor. ディ**エ**ス　マカ**ロ**ンス　ボル ファ**ボ**ル Could I have 10 macarons?	数字 ● P.150

基本会話

見どころ

グルメ

ショッピング

ビューティ

エンタメ

ホテル

乗りもの

基本情報

単語集

フルーツの単語もチェックしましょう

ブルーベリー	arándanos アランダノス	リンゴ	manzana マンサナ	プラム	ciruela シルエラ	アプリコット	albaricoque アルバリコケ
洋ナシ	pera ペラ	桃	melocotón メロコトン	イチゴ	fresa フレサ	レモン	limón リモン

レモンのムース
mousse de limón
ムス　デ　リモン

揚げ菓子
pestiño
ペスティーニョ

アーモンドの焼菓子
mazapán
マサパン

レモンを使った甘酸っぱいさっぱりとした風味のムース。後味もさわやか。

日本の「かりんとう」によく似た味わいの、素朴なお菓子。

アーモンドの粉と卵黄で作る、トレド名物の素朴な味わいの焼き菓子。

トゥロン
turrón
トゥロン

フランボワーズのタルト
tartaleta de frambuesa
タルタレタ　デ　フランブエサ

松の実のパイ
coca
コカ

アーモンドやピスタチオ、ドライフルーツなどと卵白、砂糖を練り合わせたお菓子。

フランボワーズ（ラスベリー）をふんだんに使った甘酸っぱいケーキ。

カタルーニャ地方のお菓子。少し硬めのパイ風で、表面には砂糖と松の実がまぶしてある。

ここで食べられますか？	¿Se puede comer aquí? セ　プエデ　コメル　アキ🔊 Can I eat here?
おみやげ用にお願いします。	Envuélvamelo para regalo, por favor. エンブエルバメロ　パラ　レガロ　ポル　ファボル Could you make it a gift?
日持ちはしますか？	¿Aguantarán? アグアンタラン🔊 Does it have a long keeping?

ワインをかしこく選んで堪能しませんか

スペインが世界に誇る、上質なワイン。味も値段もさまざまなので、
迷ったらお店の人と相談しながら、お気に入りを見つけましょう。

`ワインリストはここをチェック`

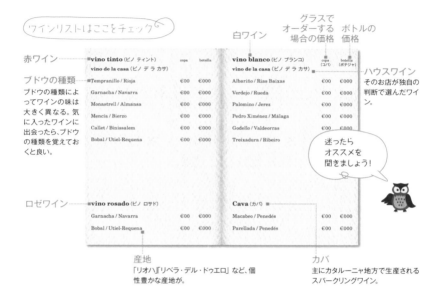

グラスで
オーダーする　ボトルの
場合の価格　価格

白ワイン

赤ワイン

ブドウの種類
ブドウの種類によ
ってワインの味は
大きく異なる。気
に入ったワインに
出会ったら、ブドウ
の種類を覚えてお
くと良い。

■**vino tinto** (ビノ ティント)	copa	botella
vino de la casa (ビノ デ ラ カサ)		
■Tempranillo / Rioja	€00	€000
Garnacha / Navarra	€00	€000
Monastrell / Almansa	€00	€000
Mencía / Bierzo	€00	€000
Callet / Binissalem	€00	€000
Bobal / Utiel-Requena	€00	€000

vino blanco (ビノ ブランコ)	copa (コパ)	botella (ボテジャ)
vino de la casa (ビノ デ ラ カサ)		
Albariño / Rias Baixas	€00	€000
Verdejo / Rueda	€00	€000
Palomino / Jerez	€00	€000
Pedro Ximénez / Málaga	€00	€000
Godello / Valdeorras	€00	€000
Treixadura / Ribeiro	€00	€000

ハウスワイン
そのお店が独自の
判断で選んだワイ
ン。

迷ったら
オススメを
聞きましょう!

ロゼワイン

■**vino rosado** (ビノ ロサド)		
Garnacha / Navarra	€00	€000
Bobal / Utiel-Requena	€00	€000

Cava (カバ)		
Macabeo / Penedés	€00	€000
Parellada / Penedés	€00	€000

産地
「リオハ」『リベラ・デル・ドゥエロ』など、個
性豊かな産地が。

カバ
主にカタルーニャ地方で生産される
スパークリングワイン。

`ワインラベルの読み方はこちら`

醸造所

ブドウの
収穫年

原産地呼称
(DOC は最高ランク)

ブドウの
品種名

スペイン国内の
産地名

基本会話

見どころ

グルメ

ショッピング

ビューティ

エンタメ

ホテル

乗りもの

基本情報

単語集

ワインを注文してみましょう

このワインを いただけますか？	**¿Quisiera este vino?** キシ**エ**ラ　　エステ ビノ 🎵 Can I have this wine?
おすすめのワインは 何ですか？	**¿Qué vino me recomienda?** ケ　　ビノ　メ　レコミィ**エ**ンダ 🎵 Could you recommend some wine?
甘口［辛口］のものは どれですか？	**¿Cuál es dulce [seco]?** ク**ア**ル　エス **ドゥ**ルセ ［**セ**コ］🎵 Which one is sweet[dry]?
地元のワインは どれですか？	**¿Cuál es el vino de la región?** ク**ア**ル　エス エル ビノ　デ ラ レ**ヒ**オン 🎵 Which one is the local wine?
軽めのワインは ありますか？	**¿Tiene algún vino ligero?** ティ**エ**ネ　アル**グ**ン ビノ　リ**ヘ**ロ 🎵 Do you have a light wine?
水をください。	**Agua, por favor.** **ア**グア　　ポル ファ**ボ**ル Water, please.
グラスを4つ ください。	**Cuatro vasos, por favor.** ク**ア**トロ　　バソス　　ポル ファ**ボ**ル Four glasses, please.　　　　数字 ➡ P.150
もう少し（値段が）手ご ろなものはありますか？	**¿Tiene uno más barato?** ティ**エ**ネ　ウノ　マス　　バ**ラ**ト 🎵 Do you have a cheaper one?

お役立ち単語集 WORD

		ブドウ	uva **ウ**バ	甘口	dulce **ドゥ**ルセ
		飲みごろ	bueno al paladar ブエノ アル パラダル	酸味	acidez ア**シ**デス
原産地	origen オ**リ**ヘン	ボトル	botella ボ**テ**ジャ	香り	aroma ア**ロ**マ
銘柄	marca **マ**ルカ	グラス	vaso **バ**ソ	フルーティーな	afrutado アフル**タ**ド
収穫年	cosecha コ**セ**チャ	辛口	seco **セ**コ	爽やかな	fresco フ**レ**スコ

個性豊かなスペインワインを味わってみましょう

スペイン料理の味を引き立てるには、その土地で作られたワインがいちばん。
地元の店で本場の空気を感じながら味わってみましょう。

❶
リアス・バイシャス
Rias Baixas
リアス バイシャス

アルバリーニョ種のブドウを使った白ワインは、さっぱりした桃のような味。

❷
リベイロ
Ribeiro
リベイロ

白はアルバリーニョ種、赤はガルナッチャ種が主体。

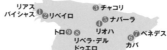

リアス
バイシャス ❶❷リベイロ　❸チャコリ
　　　　　　　　　　❺ナバーラ
トロ❾ ❽　リオハ
リベラ・デル　　　❻❼ベネデス
ドゥエロ　　　　　　カバ

ヘレス❿

**スペインの
ワイン産地**

❹
リオハ
Rioja
リオハ

スペインの最高品種テンプラニーリョを使用し、オーク樽で熟成させたワインが有名。

❸
チャコリ
Txakoli
チャコリ

日本と同じ棚作りでブドウを栽培。酸味のきいたフレッシュな白が主力。

❻
カバ
Cava
カバ

パレリャーダなど地元産ブドウ品種を使用した、カタルーニャ地方で造られる発泡酒。

❼
ベネデス
Penedès
ベネデス

土地のブドウと外来種を交配したり、醸造法にもこだわり、赤、白、ロゼが揃う。

❺
ナバーラ
Navarra
ナバーラ

ロゼが有名だが良質の赤ワインでも知られ、フルーティーでふくよかな味わいが魅力。

❽
リベラ・デル・ドゥエロ
Ribera del Duero
リベラ デル ドゥエロ

黒ブドウが主体。豊かな果実味と酸味が凝縮されている。

❾
トロ
Toro
トロ

ティンタ・デ・トロと呼ばれる独自の品種を用いた赤ワインは、濃厚な色合いが特徴。

❿
ヘレス
Jerez
ヘレス

ヘレスで造られたシェリー酒には、辛口のフィノや甘口のオロロソなどがある。

原産地呼称制度（DO）

品質呼称局が定めた厳しい条件を
満たす産地のワインだけが
表示できる格付けのようなもの。
特に厳しい基準を設けている
産地は特選原産地呼称DOCに
指定されています。

料理に合わせてオーダーしてみましょう

| ワインリストを見せていただけますか？ | ¿Puede enseñarme la lista de vinos?
プエデ　エンセニャルメ　ラ　リスタ　デ　ビノス
Can I see the wine list? |
| この料理に合うワインを選んでいただけますか？ | ¿Podría recomendarme algún vino que vaya bien con este plato?
ポドリア　レコメンダルメ　アルグン　ビノ　ケ　バジャ　ビエン　コン　エステ　プラト
Could you recommend a wine that goes with this dish? |

この白がおすすめです。

Le recomiendo este blanco.
レ　レコミエンド　　エステ　ブランコ
I recommend this white.

それをいただきます。

Tomaré ese.
トマレ　　エセ
I'll take it.

ワンポイント 熟成ワインの分類

🍷 **vino joven**
ビノ・ホーベン

醸造後、すぐに瓶詰めされたワイン。または樽熟成期間が規定に達していないものを指す。フレッシュさが魅力だが、タンニンや酸が際立つ。

🍷 **crianza**
クリアンサ

赤は2年、白とロゼは1年かけて熟成されたワイン。どちらも最低6カ月（リオハは1年）は樽で熟成させる。まだフレッシュさが感じられる。

🍷 **reserva**
レセルバ

熟成期間が赤は3年（最低1年は樽）、白とロゼは2年（最低6カ月は樽）となる。味に深みがあり、香りも重厚さを帯びてくる。

🍷 **gran reserva**
グラン・レセルバ

赤はブドウの当たり年のみ造ることができ、樽で2年、瓶で3年熟成させる。白とロゼは4年（最低6カ月は樽）。芳醇な味と香りが楽しめる。

マナーを守ってスペイン料理を楽しみましょう

マナーと言ってもあまり堅苦しく考えないで。
最低限のルールを守って、豊かなスペインの食文化をゆっくり堪能しましょう。

三ツ星レストランは…

三ツ星レストランや人気店を利用するときは、予約をしましょう。名前・人数・日時を伝えます。ディナーは子ども連れNG。予約をホテルのフロントに頼んだときはチップを渡しましょう。

服装の決まり（ドレスコード）は…

高級店でなければそれほどうるさくありませんが、きちんとした身なりでいけば店側の対応もよくなります。ドレスコードありの場所では男性は上着＋ネクタイ、女性はワンピースやジャケットなどのドレスアップを。

食事中は…

食事中、お皿を持ち上げるのはマナー違反です。また食べ物を残すのもマナー違反。食べ終えるまで次のお皿は運ばれません。なるべく残さず食べましょう。

ほかにも気をつけたいことは？

①オーダーするときは？

テーブル担当のウエイターを待ってオーダー。食前酒を飲むか聞かれるので、何か頼むかいらなければNo。その後、前菜やスープ、メインを注文します。デザートの注文は食後に。

②スープを飲むときは？

音を立てて飲むのは、とてもマナーが悪いのでやめましょう。ゆっくりと静かに味わいましょう。カップスープのとってを持って飲むのはOKです。

ナイフやフォークは…

使うときは外側から使います。落としてしまったときは自分で拾わずに、ウエイターに拾ってもらいましょう。

ワインを飲むときは…

高級店では、ワインはお店の人に注いでもらうのがマナー。注いでもらうときはグラスは手に持たず、テーブルに置いたままで。またワイングラスを合わせて音をたてて乾杯するのはやめておきましょう。

チップは…

ウエイターにひと声かけてテーブルで会計をします。勘定書きにサービス料が含まれていなければ5〜10%程度のチップを足して払いましょう。カードで支払う場合は伝票にチップの額を書きこみます。

③手を休めるとき、食べ終わったときは？

手を休めるとき、ナイフとフォークは先端を合わせてハの字に（フォークの下にナイフ）。食べ終わったときは共にそろえて3時の方向か、中央斜め下にそろえて置きます。

④喫煙するときは？

公共の場では喫煙禁止です。レストラン内では我慢して、食後に場所を移してテラスのあるカフェなどを利用しましょう。喫煙したいときは、吸える場所を確認しましょう。

楽しく自分好みのファッションを見つけましょう

大好きなあのブランド、このブランド…実はスペイン生まれです。
お店めぐりを楽しみながら、自分にぴったりのファッションを探しましょう。

まずはお店を探しましょう

**デパートは
どこにありますか?**

¿Dónde están los grandes almacenes?
ドンデ　　　エスタン　ロス　グランデス　　　アルマセネス🔊
Where is the department store?

それはどこで
買えますか?

¿Dónde puedo comprar eso?
ドンデ　　　プエド　　コムプラル　エソ🔊
Where can I buy that?

Sybillaという店は
どこですか?

¿Dónde está la tienda Sybilla?
ドンデ　　　エスタ ラ ティエンダ　シビジャ🔊
Where is the shop called Sybilla?

お店についてたずねましょう

営業時間を
教えてください。

¿Cuál es el horario comercial?
クアル　エス　エル　オラリオ　コメルシアル🔊
What are the business hours?

定休日は
いつですか?

¿Qué día es festivo?
ケ　ディア　エス　フェスティボ🔊
What day do you close?

店内案内図は
ありますか?

¿Tiene guías de información?
ティエネ　ギアス　デ　インフォルマシオン🔊
Do you have an information guide?

靴を買うにはどこに
行けばいいですか?

Quisiera comprar unos zapatos, ¿dónde puedo ir?
キシエラ　　　コンプラル　ウノス サパトス　　ドンデ　　プエド イル🔊
Where should I go to buy shoes?

エスカレーター [エレベ
ーター]はどこですか?

¿Dónde están las escaleras mecánicas [el ascensor]?
ドンデ　エスタン　ラス　エスカレラス メカニカス ［エル　アスセンソル]🔊
Where is the escalator[elevator]?

バッグ売り場を探して
います。

Estoy buscando sección de bolsos.
エストイ　ブスカンド　　セクシオン　デ　ボルソス
I'm looking for a bag section.

74

基本会話

見どころ

グルメ

ショッピング

ビューティ

エンタメ

ホテル

乗りもの

基本情報

単語集

荷物を預かってもらえる
ところはありますか?

¿Tiene consigna para dejar las equipajes?
ティエネ　コンシグナ　パラ　デハル　ラス　エキパヘス
Where is the cloak room?

日本語を話せる
スタッフはいますか?

¿Hay alguien que hable japonés?
アイ　　アルギエン　ケ　アブレ　ハポネス
Is there someone who speaks Japanese?

店内に
ATMはありますか?

¿Tiene cajero automático aquí?
ティエネ　カヘロ　アウトマティコ　アキ
Do you have an ATM here?

顧客サービス窓口は
どこですか?

¿Dónde está el servicio de atención al cliente?
ドンデ　エスタ　エル　セルビシオ　デ　アテンシオン　アル　クリエンテ
Where is the customer service?

_____ はどこにありますか? LOOK

¿Dónde hay _____ ?
ドンデ　　アイ _____
Where is _____ ?

grandes almacenes
グランデス　アルマセネス
❶【デパート】

tienda selectiva
ティエンダ　セレクティバ
❶【セレクトショップ】

centro comercial
セントロ　コメルシアル
❶【ショッピングモール】

tienda de ropa
ティエンダ　デ　ロパ
❶【洋服屋】

tienda de bolsos
ティエンダ　デ　ボルソス
❶【カバン屋】

zapatería
サパテリア
❶【靴屋】

tienda de accesorios
ティエンダ　デ　アクセソリオス
❶【アクセサリーショップ】

tienda libre de impuestos
ティエンダ　リブレ　デ　インプエストス
❶【免税店】

cosmética
コスメティカ
❶【コスメの店】

Loewe
ロエベ
❶【ロエベ】

Sybilla
シビジャ
❶【シビラ】

Jocomomola
ホコモモラ
❶【ホコモモラ】

Zara
サラ
❶【ザラ】

Tous
トウス
❶【トウス】

Carrera y Carrera
カレラ イ カレラ
❶【カレラ イ カレラ】

Camper
カンペール
❶【カンペール】

Antonio Miró
アントニオ　ミロ
❶【アントニオ・ミロ】

Adolfo Domínguez
アドルフォ　ドミンゲス
❶【アドルフォ・ドミンゲス】

LOUIS VUITTON
ルイズ　ビトン
❶【ルイ・ヴィトン】

GUCCI
グッチ
❶【グッチ】

CHANEL
シャネル
❶【シャネル】

Cartier
カルティエ
❶【カルティエ】

Dior
ディオール
❶【ディオール】

PRADA
プラダ
❶【プラダ】

BVLGARI
ブルガリ
❶【ブルガリ】

楽しく自分好みのファッションを見つけましょう

こんにちは！　いらっしゃいませ。
¡Hola! ¿Puedo ayudarle?
オラ　プエド　アジュダルレ

お店に入ったら…

| 何かお探しですか？ | ¿Está buscando algo en particular?
エスタ　ブスカンド　アルゴ　エン　パルティクラル ♪
What are you looking for? |

見ているだけです。
ありがとう。

Gracias, sólo estoy mirando.
グラシアス　ソロ　エストイ　ミランド
I'm just looking, thank you.

また来ます。

Volveré más tarde.
ボルベレ　マス　タルデ
I'll come back later.

すみません、ちょっと
いいですか？

Perdone, ¿puede ayudarme?
ペルドネ　プエデ　アジュダルメ ♪
Excuse me, can you help me?

これに合う靴は
ありますか？

¿Tiene zapatos que combinen con esto?
ティエネ　サパトス　ケ　コンビエネン　コン　エスト ♪
Do you have shoes that go with this?

母へのプレゼントに、カー
ディガンを探しています。

Estoy buscando un cárdigan para mi madre.
エストイ　ブスカンド　ウン　カルディガン　パラ　ミ　マドレ
I'm looking for a cardigan for my mother.

この雑誌に載っているブ
ラウスを見たいのですが。

Me gustaría encontrar una camisa como la de esta revista.
メ　グスタリア　エンコントラル　ウナ　カミサ　コモ　ラ　デ　エスタ　レビスタ
I'd like to see the blouse on this magazine.

黒のジャケットに合う、明るい
色のスカートはありますか？

¿Quisiera una falda color claro que combine con una chaqueta negra?
キシエラ　ウナ　ファルダ　コロル　クラロ　ケ　コンビネ　コン　ウナ　チャケタ　ネグラ ♪
Do you have a skirt in light color that goes with a black jacket?

仕事用のスーツを
探しています。

Estoy buscando una americana y pantalón de trabajo.
エストイ　ブスカンド　ウナ　アメリカナ　イ　パンタロン　デ　トラバホ
I'm looking for a suit for work.

買いたい
ときは
コレ

これください！／いくらですか？

¡Me quedo con este! ／ ¿Cuánto es?
メ　ケド　コン　エステ　／　クアント　エス ♪
I'll take this. ／ How much is it?

基本会話

見どころ

グルメ

ショッピング

ビューティ

エンタメ

ホテル

乗りもの

基本情報

単語集

友人へのおみやげ用に、スカーフを探しています。

Quisiera comprar un pañuelo, para un amigo [una amiga].
キシエラ コンプラル ウン パニュエロ パラ ウン アミゴ [ウナ アミガ]
I'm looking for a scarf for my friend.

新製品のカタログはありますか?

¿Tiene un catálogo de novedades?
ティエネ ウン カタロゴ デ ノベダデス
Do you have a catalog of new items?

秋物のスカートはもう入っていますか?

¿Tiene faldas de otoño?
ティエネ ファルダス デ オトニョ
Do you have a skirt for autumn season?

季節 P.151

綿のセーターはありますか?

¿Tiene jerseys de algodón?
ティエネ ヘルセイス デ アルゴドン
Do you have cotton sweaters?

素材 P.80

これを見たいのですが。

Me gustaría ver este.
メ グスタリア ベル エステ
I'd like to see this.

カジュアル[ドレッシー]なものを探しています。

Estoy buscando algo informal [elegante].
エストイ ブスカンド アルゴ インフォルマル [エレガンテ]
I'd like something casual[dressy].

右から3番目のものを見せてください。

Por favor, enséñeme el tercero de la derecha.
ボル ファボル エンセニャメ エル テルセロ デ ラ デレチャ
Please show me the third one from the right.

数字 P.150

これは本物ですか?

¿Este es auténtico?
エステ エス アウテンティコ
Is this real?

これは何というブランドですか?

¿Este de qué marca es?
エステ デ ケ マルカ エス
What brand is this?

新製品は発売されていますか?

¿Tiene artículos nuevos?
ティエネ アルティクロス ヌエボス
Do you have any new items?

これと同じものはありますか?

¿Tiene uno igual que éste?
ティエネ ウノ イグアル ケ エステ
Is there one the same as this?

ちょっと考えさせてください。

Lo pensaré un poco.
ロ ペンサレ ウン ポコ
I need a little more time to think.

77

楽しく自分好みのファッションを見つけましょう

お目当てを探しましょう

デザインの似ているものはありますか？	¿Tiene alguno con diseño parecido? ティ**エ**ネ　ア**ル**グノ　コン　ディ**セ**ニョ　パレ**シ**ド 🔊 Do you have one with a similar design?
ほかの服も着てみていいですか？	¿Podría probarme otra ropa? ポ**ド**リア　プロ**バ**ルメ　**オ**トラ　**ロ**パ？ 🔊 Can I try some other clothes?
手にとってもいいですか？	¿Puedo cogerlo? プ**エ**ド　コ**ヘ**ルロ 🔊 Can I pick this up?
つけてみてもいいですか？	¿Puedo probármelo? プ**エ**ド　プロ**バ**ルメロ 🔊 May I try this on?
鏡はどこですか？	¿Dónde hay un espejo? **ド**ンデ　**ア**イ　ウン　エス**ペ**ホ 🔊 Where is the mirror?
試着してもいいですか？	¿Puedo probármelo? プ**エ**ド　プロ**バ**ルメロ 🔊 Can I try this on?
私のサイズは <u>38</u>です。	Mi talla es la 38. ミ　**タ**ジャ　エス　ラ　ト**レ**ンタ　イ　**オ**チョ My size is 38.　　　数字 🔊 P.150
これをお願いします。	Este, por favor. **エ**ステ　ポル　ファ**ボ**ル I'll take this.

免税手続きについて説明します

スペインでは、商品の値段に最大21%の付加価値税（IVA）が含まれていますが、EU以外の国に住んでいる人が買い物をした場合は、購入金額に関係なく、税金の払い戻しを申請できます。未使用の購入品を持って、3ヵ月以内にEU以外へ出ることが条件です。申請する場合は、お店の会計時にパスポートを提示して免税書類を作ってもらい、帰国時に空港の端末（DIVA）で認証手続きをしましょう。

サイズの違いに注意しましょう

婦人服

スペイン	36号	38号	40号	42号	44号	46号	48号
日本	7号	9号	11号	13号	15号	17号	19号

婦人靴

スペイン	36	37	38	39	40	40	41
日本	22.5	23	23.5	24	24.5	25	25.5

78

かわいい！
¡Qué bonito!
ケ ボニト

ぴったりです！
¡Me queda perfecto!
メ ケダ ペルフェクト

基本会話

見どころ

グルメ

ショッピング

ビューティ

エンタメ

ホテル

乗りもの

基本情報

単語集

38のものは ありますか？	¿Tiene una 38? ティエネ ウナ トレンタ イ オチョ Do you have 38? 数字⊙P.150
ちょっときつい[緩い] ようです。	Me queda un poco estrecho [ancho]. メ ケダ ウン ポコ エストレチョ [アンチョ] This is a little bit tight[loose].
1サイズ大きい[小さい] ものはありますか？	¿Tiene una talla más grande [pequeña]? ティエネ ウナ タジャ マス グランデ [ペケニャ]⊙ Do you have a bigger[smaller] size?
長[短か]すぎます。	Es demasiado largo [corto]. エス デマシアド ラルゴ [コルト] This is too long[short].
サイズが 合いませんでした。	No era mi talla. ノ エラ ミ タジャ It didn't fit me.
ごめんなさい、 また来ます。	Lo siento, vendré otro día. ロ シエント ベンドレ オトロ ディア I'm sorry. I'll come back later.

流行に敏感な
あなたは
コレ

人気のものはどれですか？

¿Tiene algo que se lleve mucho ahora?
ティエネ アルゴ ケ セ ジェベ ムチョ アオラ⊙
Which one is popular?

お役立ち単語集
WORD

サイズ	talla タジャ	長い	largo ラルゴ	ゆるい	ancho アンチョ
		短い	corto コルト	きつい	estrecho エストレチョ
大きい	grande グランデ	長袖	manga larga マンガ ラルガ	ちょうどいい	me va bien メ バ ビエン
		半袖	manga corta マンガ コルタ	厚い	grueso グルエソ
小さい	pequeño ペケニョ	ノースリーブ	sin mangas シン マンガス	うすい	fino フィノ

79

楽しく自分好みのファッションを見つけましょう

店員さんに聞いてみましょう

サイズを調整して もらえますか?	**¿Puede arreglar la talla?** プエデ　アレグラル　ラ　タジャ 🎵 Can you adjust the size?
どれくらい かかりますか?	¿Cuánto tardaría? クアント　タルダリア 🎵 How long does it take?
ほかの色[柄]は ありますか?	¿Tiene otro color [estampado]? ティエネ　オトロ　コロル[エスタンパド]🎵 Do you have another color [print]?
<u>黒い色</u>のものは ありますか?	¿Tiene en negro? ティエネ　エン　ネグロ 🎵 Do you have black one?　　　　　　　色🎵 P.83
色違いは ありませんか?	¿Tiene el mismo en otros colores? ティエネ　エル　ミスモ　エン　オトロス　コロレス 🎵 Do you have the same one in other colors?
これは純金[銀] ですか?	¿Es de oro puro [de plata]? エス　デ　オロ　プロ　[デ　プラタ]🎵 Is this pure gold [silver]?
この素材は 何ですか?	Éste, ¿de qué está hecho? エステ　デ　ケ　エスタ　エチョ 🎵 What is this made of?
<u>シルク[カシミヤ]</u>素材 のものを探しています。	Estoy buscando algo en seda [cachemira]. エストイ　ブスカンド　アルゴ　エン　セダ　[カチェミラ] I'd like something made of silk [cashmere].
防水加工されて いますか?	¿Es impermeable? エス　インペルメアブレ 🎵 Is this waterproof?

お役立ち単語集 WORD

やわらかい	suave スアベ	固い	duro ドゥーロ	麻	lino リノ
		綿	algodón アルゴドン	明るい色	color claro コロル　クラロ
		シルク	seda セダ	暗い色	color oscuro コロル　オスクロ

LOOK

| ［＿＿＿＿］ をください。 |
| ［＿＿＿＿］ , por favor. |
| ［＿＿＿＿］ ポル ファボル |
| ［＿＿＿＿］ , please. |

ファッション
Moda
モダ

camiseta
カミセタ

❶【Tシャツ】

chaqueta
チャケタ
❶【ジャケット】

abrigo
アブリゴ
❶【コート】

blusa
ブルサ

❶【ブラウス】

jersey
ヘルセイ

❶【セーター】

cárdigan
カルディガン
❶【カーディガン】

falda
ファルダ

❶【スカート】

vestido
ベスティード

❶【ワンピース】

vestido de fiesta
ベスティード
デ
フィエスタ

❶【ドレス】

camisa
カミサ
❶【シャツ】

camisola
カミソラ
❶【キャミソール】

pantalones
パンタロネス
❶【ズボン】

pantalones vaqueros
パンタロネス バケロス
❶【ジーンズ】

estola
エストラ
❶【ストール】

pañuelo
パニュエロ
❶【スカーフ】

corbata
コルバタ
❶【ネクタイ】

bufanda
ブファンダ
❶【マフラー】

sombrero
ソンブレロ
❶【帽子】

gafas de sol
ガファス デ ソル
❶【サングラス】

cartera
カルテラ
❶【財布】

guantes
グアンテス
❶【手袋】

sujetador
スヘタドル
❶【ブラジャー】

braguitas
ブラギタス
❶【ショーツ】

calcetines
カルセティネス
❶【靴下】

medias
メディアス
❶【ストッキング】

| 水洗いできますか？ | ¿Es lavable?
 エス ラバブレ 🎵
 Is this washable? |
| もう少し安い［高い］ものはありますか？ | ¿Tiene algo más barato [caro]?
 ティエネ アルゴ マス バラト ［カロ］🎵
 Do you have a little cheaper[more expensive] one? |

81

楽しく自分好みのファッションを見つけましょう

お会計で…

全部でいくらですか？	¿Cuánto es en total? クアント　エス エン トタル ♪ How much is it in total?
税金は含まれて いますか？	¿Están incluidos los impuestos? エスタン　インクルイドス　ロス　インプエストス ♪ Does it include tax?
このクレジットカード は使えますか？	¿Acepta esta tarjeta de crédito? アセプタ　エスタ タルヘタ　デ　クレデイト ♪ Do you accept this credit card?
免税で買えますか？	¿Puedo comprarlo sin impuestos? プエド　　コンプラルロ　シン インプエストス ♪ Can I buy it tax-free?
免税申告書を ください。	¿Puede darme los impresos para declarar en la aduana? プエデ　　ダルメ　ロス インプレソス　パラ　デクララル エン ラ アドゥアナ ♪ Can I have a customs form?
計算が 間違っています。	Creo que la cuenta está equivocada. クレオ ケ　ラ クエンタ エスタ エキボカダ I think there is a mistake in this bill.
おつりが 違っています。	Me ha dado mal el cambio. メ　ア　ダド　マル エル カンビオ You gave me the wrong change.

返品・交換・クレームがあったら…

汚れがあったので、 返品してください。	Tiene una mancha, ¿podría cambiármelo? ティエネ ウナ　マンチャ　　ポドリア　　カンビアルメロ ♪ I'd like to return this because it has a stain.
開けたら品物が 違いました。	Éste es diferente al que compré. エステ エス ディフェレンテ アル ケ コンプレ This is different from what I bought.
まだ使っていません。	No lo he usado todavía. ノ　ロ　エ　ウサド　トダビア I haven't used it at all.

82

基本会話

見どころ

グルメ

ショッピング

ビューティ

エンタメ

ホテル

乗りもの

基本情報

単語集

LOOK

□□□□ はありますか?

¿Tiene □□□□ ?

ティ**エ**ネ □□□□ ♪

Do you have □□□□ ?

色
Color
コロル

negro
ネグロ
♪【黒】

blanco
ブランコ
♪【白】

rojo
ロホ
♪【赤】

azul
アスル
♪【青】

amarillo
アマリジョ
♪【黄】

verde
ベルデ
♪【緑】

rosa
ロサ
♪【ピンク】

naranja
ナランハ
♪【オレンジ】

morado
モラド
♪【紫】

marfil
マルフィル
♪【アイボリー】

beige
ベイジュ
♪【ベージュ】

marrón
マロン
♪【茶】

dorado
ドラド
♪【金】

plateado
プラテアド
♪【銀】

模様
Diseño
ディセニョ

a rayas
ア ラジャス
♪【ストライプ】

de cuadros
デ クアドロス
♪【チェック】

de lunares
デ ルナレス
♪【水玉】

estampado a flores
エスタンパド ア フロレス
♪【花柄】

liso
リソ
♪【無地】

a la moda
ア ラ モダ
♪【流行の】

83

お気に入りの靴&バッグを見つけたいですね

スペインには、かわいくてセンスの良い靴&バッグがたくさん。
お店の人と会話しながら、楽しくお買い物しましょう。

靴屋さん編

これの<u>36</u>サイズは ありますか？	¿Tiene la 36 de éste? ティエネ ラ トレンタ イ セイス デ エステ ◎ Do you have this in 36?

サイズ◎P.78

少しきつい［ゆるい］ ような気がします。	Creo que me queda un poquito estrecho ［ancho］. クレオ ケ メ ケダ ウン ポキート エストレチョ［アンチョ］ This is a little bit tight ［loose］.

つま先があたります。	Las puntas de los pies me aprietan. ラス プンタス デ ロス ピエス メ アプリエタン My toes hurt.

もう半サイズ大きい ものはありますか？	¿Lo tiene media talla más grande? ロ ティエネ メディア タジャ マス グランデ ◎ Do you have a half-size bigger than this?

かかとが高［低］ すぎるようです。	Creo que los tacones son demasiado altos ［bajos］. クレオ ケ ロス タコネス ソン デマシアド アルトス［バホス］ I think the heels are too high ［low］.

ぴったりです！	¡Es justo mi talla! エス フスト ミ タジャ This is perfect.

これが 気に入りました。	Éste me gusta mucho. エステ メ グスタ ムチョ I like this one.

お役立ち単語集 WORD

靴	zapatos サパトス	ミュール	zapatos mula サパトス ムラ	ロングブーツ	botas largas ボタス ラルガス
ヒールのある 靴	zapatos de tacón サパトス デ タコン	バリーナシューズ	bailarinas バイラリナス	スニーカー	zapatillas de deporte サパティジャス デ デポルテ
サンダル	sandalias サンダリアス	ブーツ	botas ボタス	布製	de tela デ テラ
		ショートブーツ	botines ボティネス	革製	de cuero デ クエロ
		ハーフブーツ	botas medianas ボタス メディアナス	歩きやすい	cómodos コモドス

基本会話

見どころ

グルメ

ショッピング

ビューティ

エンタメ

ホテル

乗りもの

基本情報

単語集

バッグ屋さん編

仕事用の黒いバッグが欲しいのですが。	Quisiera un bolso negro para trabajo. キシエラ　ウン ボルソ ネグロ　パラ　トラバホ I'd like a black bag for work.　色⏹P.83
ボタン[ジッパー]で閉まるものが良いです。	Quiero uno con botones [cremallera]. キエロ　ウノ　コン ボトネス[クレマジェラ] I want one with buttons[zippers].
もっと大きい[小さい]ものはありますか？	¿Tiene una talla más grande [pequeña]? ティエネ　ウナ タジャ マス　グランデ[ペケニャ] Do you have a bigger[smaller] one?
他の色はありますか？	¿Tiene otro color? ティエネ　オトロ　コロル Do you have a different color?
新しいものはありますか？	¿Tiene uno nuevo? ティエネ　オトロ　ヌエボ Do you have a new one?
人気のものはどれですか？	¿Cuál se lleva más? クアル　セ ジャバ マス Which one is popular?
鮮やかな色のものが良いです。	Quisiera algo de colores vivos. キシエラ　アルゴ デ コロレス　ビーボス I'd like one in vivid color.
ポケットや仕切りがついているものはありますか？	¿Tiene alguna prenda con bolsillos o compartimentos? ティエネ アルグナ プレンダ コン ボルシジョス オ コンパルティメントス Do you have one that has pockets or compartments?

お役立ち単語集 WORD

ハンドバッグ	bolso de mano ボルソ デ マノ	旅行用	para viajar パラ ビアハル	ジッパー	cremallera クレマジェラ
ショルダー	bolsos al hombro ボルソス アル オンブロ	仕事用	para el trabajo パラ エル トラバホ	革製	de cuero デ クエロ
スーツケース	maleta マレタ	普段用	uso diario ウソ ディアリオ	布製	de tela デ テラ
		肩ひもあり[なし]	con [sin] tirantes コン[シン] ティランテス	防水加工	impermeable インペルメアブレ
		ポケット	bolsillo ボルシジョ	小ぶりな	talla pequeña タジャ ペケニャ

アクセサリーを探しましょう

スペインならではのセンスが光るアクセサリー。
自分用やおみやげなどにいくつも欲しくなってしまいます。

お気に入りを見つけましょう

この指輪を見せて いただけますか?	¿Puede enseñarme este anillo? プエデ　エンセニャルメ　エステ　アニジョ ♪ Could I see this ring?
この石は何ですか?	¿Qué es esta piedra? ケ　エス エスタ ピエドラ ♪ What is this stone?
これは何カラット ですか?	¿Cuántos quilates tiene? クアントス　キラテス　ティエネ ♪ What carat is this?
スペイン製ですか?	¿Es de producción española? エス デ プロドゥクシオン エスバニョーラ ♪ Is this made in Spain?
金属部分は純金 [銀] ですか?	¿La parte metálica es de oro puro [plata pura]? ラ パルテ メタリカ　エス デ オロ プロ　[プラタ プラ]♪ Is the metal part pure gold[silver]?
つけてみても いいですか?	¿Puedo probármelo? プエド　プロバルメロ ♪ May I try this on?
プレゼント用に お願いします。	Envuélvalo para regalo, por favor. エンブエルバロ バラ　レガロ　ポル ファボル Please make it a gift.
別々に 包んでください。	Envuélvamelo por separado, por favor. エンブエルバメロ　ポル セバラド　ポル ファボル Please wrap these individually.
リボンをつけて ください。	¿Podría ponerle una cinta? ポドリア　ポネルレ　ウナ シンタ ♪ Could you put some ribbons?
割れないように包んで ください。	¿Puede envolverlo para que no se rompa? プエデ　エンボルベルロ バラ ケ　ノ セ ロンバ ♪ Could you wrap it not to break?

86

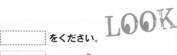

□ をください。

□ , por favor.
　ポル　ファボル
□ , please.

アクセサリー
Accesorios
アクセソリオス

anillo
アニジョ

🔊【指輪】

collar
コジャル
🔊【ネックレス】

pulsera
プルセラ

🔊【ブレスレット】

pañuelo
パニュエロ
🔊【スカーフ】

pendientes
ペンディエンテス
🔊【ピアス】

broche
ブロチェ

🔊【ブローチ】

reloj de pulsera
レロホ デ プルセラ
🔊【腕時計】

diadema
ディアデマ
🔊【カチューシャ】

alfiler de corbata
アルフィレル デ コルバタ
🔊【ネクタイピン】

brazalete
ブラサレテ
🔊【バングル】

gemelos
ヘメロス
🔊【カフスボタン】

ワンポイント　指輪のサイズに注意！

日本とスペインでは、サイズの表記が異なります。
また、メーカーによっても異なることがあるので、
必ずつけてみて確認しましょう。

日本	7	8	9	10	11	12	13
スペイン	47	48	49	50	51	52	53

数字 ☞ P.150

お役立ち単語集 WORD

金	oro オロ
シルバー	plata プラタ
プラチナ	platino プラティノ
カラット	quilate キラテ

スパンコール	lentejuelas レンテフエラス
レース	encaje エンカヘ
ジルコニア	zirconia シルコニア
ガラス	cristal クリスタル
ダイヤモンド	diamante ディアマンテ
エメラルド	esmeralda エスメラルダ

パール	perla ペルラ
ルビー	rubí ルビー
サファイア	zafiro サフィロ
トパーズ	topacio トパシオ
ターコイズ	turquesa トゥルケサ
アメジスト	amatista アマティスタ

メルカドでおいしいものを手に入れましょう

新鮮な食材や花などのお店がずらりと並ぶメルカド（市場）は、
見ているだけで元気になれそう。地元客に混じって散策しょう。

メルカドにて会話を楽しみましょう

オレンジ4個と メロン1個をください。	Cuatro naranjas y un melón, por favor. クアトロ　ナランハス　イ ウン メロン　　ポル ファボル Four oranges and a melon, please.　　　　　数字➡P.150
イチゴを200グラム をください。	Doscientos gramos de fresas, por favor. ドスシェントス　グラモス　デ フレサス　ポル ファボル 200 grams of strawberries, please.　　　　　数字➡P.150
このチーズを ひと切れください。	Una loncha de este queso, por favor. ウナ　ロンチャ デ エステ ケソ　　ポル ファボル A slice of this cheese, please.
このくらいの 塊をください。	Un trozo así. ウン トロソ アシィ Could I have a chunk of these?
旬の野菜 [フルーツ] はどれですか?	¿Cuá es la verdura [fruta] del tiempo? クアル エス ラ ベルドゥーラ [フルタ] デル ティエンポ 🎵 Which vegetable[fruit] is in season now?
これは、 どこ産ですか?	¿De dónde es este producto? デ　　ドンデ エス エステ プロドゥクト 🎵 Where is this made?
1つだけ買うことは できますか?	¿Puedo comprar sólo uno? プエド　　コンプラル　ソロ ウノ 🎵 Can I buy just one of these?
包装して いただけますか?	¿Puede envolverlo? プエデ　　エンボルベルロ 🎵 Could you wrap it?
全部でいくらですか?	¿Cuánto es en total? クアント　　エス エン トタル 🎵 How much is it in total?
1キロあたりの 値段ですか?	Este precio, ¿es por un kilo? エステ プレシオ エス ポル ウン キロ 🎵 Is this the price for one kilogram?

グラナダのサフラン1袋ください。
Un sobre de azafrán
de Granada, por favor.
ウン ソブレ デ アサフラン
デ グラナダ ポル ファボル

味見できますか?
¿Puedo probar?
プエド プロバル 🎵

基本会話

見どころ

グルメ

ショッピング

ビューティ

エンタメ

ホテル

乗りもの

基本情報

単語集

メルカド・蚤の市の会話のコツは?

活気あふれるメルカドでは、会話がはずめばうれしいサービスも期待できるかも! また、蚤の市では臆せずに値段交渉にチャレンジです。

さまざまな数量のみかたはコチラです

3 euros por kilo トレス エウロス ポル キロ	1kgにつき3ユーロ

1 euro por ramo ウン エウロ ポル ラモ	1束1ユーロ

un bote ウン ボテ	1壺(瓶)	una caja ウナ カハ	1箱・缶	una bolsa ウナ ボルサ	1袋
un paquete ウン パケテ	1パック	uno ウノ	1個	un red ウン レド	1ネット
una cesta ウナ セスタ	1カゴ	una cabeza ウナ カベサ	1株	una docena ウナ ドセナ	1ダース

蚤の市で交渉にチャレンジ

こんにちは。

Hola.
オラ

いらっしゃい。見ていってね。

¿Puedo ayudarle?
プエド アジュダルレ♪

これは古いものですか?

¿Este objeto es antiguo?
エステ オブヘト エス アンティグオ♪

アンティークで20世紀のものだよ。

Es del siglo 20.
エス デル シグロ ベンテ.

いくらですか?

¿Cuánto cuesta?
クアント クエスタ♪

3つ買えば10€にまけるよ。

Si compra tres se lo dejo a diez euros.
シィ コンプラ トレス セ ロ デホ ア ディエス エウロス

もう少し安くなりますか?

¿Puede ser más barato?
プエデ セル マス バラト♪

うーん。じゃあ、7€でいいよ。

De acuerdo, se lo dejo en siete euros.
デ アクエルド セ ロ デホ エン シエテ エウロス

スペインデザインのグッズをおみやげに

**ポップで面白いものから洗練されたシンプルなデザインのものまで。
スペインデザインの雑貨にはスペインらしさが詰まっています。**

これと同じものは
ありますか？

¿Tiene uno igual
que éste?

ティ**エ**ネ　**ウ**ノ　イグ**ア**ル
ケ　**エ**ステ

マスコット
mascota
マス**コ**タ
箱から顔だけのぞく姿がなんともユニーク。

ろうそく
vela
ベラ
鉢植えや渦巻の形をした斬新なデザイン。

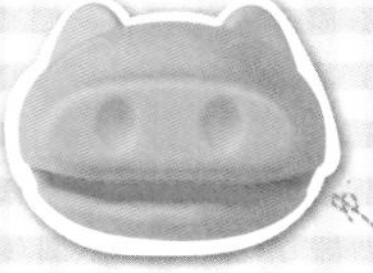

鍋つかみ
toma ollas
トマ　**オ**ヤス
キッチンにあるだけで料理が楽しくなりそう。

右から３番目のものを
見せてください。

Por favor, enséñeme el
tercero de la derecha.

ポル ファ**ボ**ル　エンセニャメ　エル
テル**セ**ロ　デ　ラ　デ**レ**チャ

卓上クリーナー
limpiador de escritorio
リンピア**ド**ール　デ　エスクリ**ト**ーリオ
片付けも楽しくなるテントウムシ型。

基本会話

見どころ

グルメ

ショッピング

ビューティ

エンタメ

ホテル

乗りもの

基本情報

単語集

色違いでそろえるのもオシャレ
別の色が欲しい場合は、「¿Tiene otro color?（ティエネ オトロ コロル?）」（他の色はありますか?）と聞いてみましょう。

**壊れないように
包んでいただけますか?**
**¿Puede envolverlo
para que no se
rompa?**
プエデ エンボルベルロ
パラ ケ ノ セ
ロンパ🔊

ブリキのおもちゃ
juguetes de hojalata
フゲテス デ オハラータ
オールドアメリカンな
インテリアに◎。

缶
lata
ラータ
チョコレートを入れる
のにぴったり。

調味料入れ
salero
サレロ
愛らしい形の塩、コショ
ウ、砂糖入れ。

人形
muñeco
ムニェコ
お腹を押すと音が鳴る
柔らかいゴムの人形。

**全部でいくらに
なりますか?**
**¿Cuánto es
todo?**
クアント エス
トド🔊

エプロン
delantal
デランタル
タパスやバルセロナの
モニュメントがモチーフ。

91

スーパーやデパートでおみやげ探しをしましょう

おみやげ選びに迷ったら、ぜひスーパーへ行ってみましょう。
スペインならではの食料品、かわいい日用品など、安くていいものがきっと見つかります。

オリーブオイル
aceite de oliva
アセイテ デ オリバ

さまざまな料理に使えるオリーブオイルはお土産にもぴったり。

パエーリャの素
condimento de paella
コンデミエント デ パエジャ

自宅で手軽に本場の味を再現することができる。

ピパ
pipa
ピパ

ひまわりの種を炒ったもの。皮をむいて中身だけを食べる。

ネウラス
Neulas
ネウラス

薄いクッキー生地を焼いてロール状に丸めたお菓子。

パテ
paté
パテー

塩味が効いたアンチョビ味のパテ。くせになる味。

ワインビネガー
vinagre de vino
ビナグレ デ ビノ

ワイン特有の芳醇な香りがあるワインビネガー。ガスパチョなどを作る際の調味料に。

お役立ち単語集 WORD		香辛料	especia エスペシア	バジル	albahaca アルバカ
		コショウ	pimienta ピミエンタ	アーティチョーク	alcachofa アルカチョファ
ワイン	vino ビノ	塩	sal サル	アボカド	aguacate アグアカテ
ジャム	mermelada メルメラダ	玉ネギ	cebolla セボジャ	卵	huevo ウエボ
サフラン	azafrán アサフラン	ジャガイモ	patata パタタ	バター	mantequilla マンテキジャ
紅茶	té テ	トマト	tomate トマテ	牛乳	leche レチェ

■ スーパーでのお買い物のコツを教えます

営業日は確認を
日曜・休日は休業のお店が多い。目当てのお店は、事前に確認を。

夕方は混雑します
夕方になると買い物客が増え、レジに行列ができることも。

レジのシステムは?
日本とはかなり違うことが多い。周りの人のやり方を参考に。

マイバッグを持参
お店によっては袋が有料なことも。マイバッグを持って行きましょう。

トマトクリーム
crema de tomate
クレマ デ トマテ

フレッシュな味わい。パスタにしてもソースにしても◎。

カモミール茶
té de manzanilla
テ デ マンサニージャ

スペインで最もよく飲まれているハーブティーのひとつ。

ポテトチップス
patatas fritas
パタタス フリタス

日本では見かけない生ハム味のポテトチップス。

ビスコチョ
bizcocho
ビスコチョ

スペインの焼き菓子。しっとりとしていながら、軽い食感でぺろりと食べられる。

チュッパチャプス
chupa chups
チュパ チュプス

おなじみのキャンディーはスペイン産で、パッケージはサルバドール・ダリのデザイン。

ハンドクリーム
crema de manos
クレマ デ マノス

オレンジを配合した香りの良いスペイン製のハンドクリーム。

楽しくお買い物しましょう

お惣菜売り場はどこですか?	¿Dónde está la sección de comidas preparadas? ドンデ エスタ ラ セクシオン デ コミダス プレパラダス 🔊 Where is the deli section?
お店のオリジナル商品はありますか?	¿Tiene productos originales? ティエネ プロドゥクトス オリヒナレス 🔊 Do you have any original products?
朝は何時から営業していますか?	¿A qué hora abren por la mañana? ア ケ オラ アブレン ポル ラ マニャナ 🔊 What time do you open in the morning?

を探しています。

LOOK

Estoy buscando _____ .

エストイ　ブスカンド _____

I'm looking for _____ .

雑貨・日用品
Artículos diversos.
Uso diario
アルティクロス　ディベルソス
ウソ　ディアリオ

una tetera
ウナ　テテラ

❶【ポット】

una taza ウナ　タサ ❶【マグカップ】	una taza y platillo ウナ　タサ　イ　プラティジョ ❶【カップ&ソーサー】	un vaso ウン　バソ ❶【グラス】	un pimentero y salero ウン　ビメンテロ　イ　サレロ ❶【塩コショウ入れ】
un bol ウン　ボル ❶【ボウル】	un reloj de cocina ウン　レロホ　デ　コシナ ❶【キッチンタイマー】	un delantal ウン　デランタル ❶【エプロン】	un salvamanteles ウン　サルバマンテレス ❶【ランチョンマット】
una vela ウナ　ベラ ❶【ろうそく】	funda de agenda フンダ　デ　アヘンダ ❶【手帳カバー】	una cartera ウナ　カルテラ ❶【財布】	un monedero ウン　モネデロ ❶【小銭入れ】
un neceser ウン　ネセセル ❶【ポーチ】	un espejo ウン　エスペホ ❶【鏡】	ganchillo ガンチジョ ❶【編みぐるみ】	paquetes de pañuelos de papel パケーテス　デ　パニュエロス　デ　パペル ❶【ティッシュボックス】
un portarretratos ウン　ポルタレトラトス ❶【写真立て】	un reloj digital ウン　レロホ　ディヒタル ❶【デジタル時計】	un reloj ウン　レロホ ❶【時計】	un imán ウン　イマン ❶【マグネット】

94

un calendario ウン　カレンダリオ ❶【カレンダー】	un cuaderno ウン　クアデルノ ❶【ノート】	un cuaderno de notas ウン　クアデルノ　デ　ノタス ❶【メモ】	un bolígrafo ウン　ボリグラフォ ❶【ペン】
llaveros ジャベロス ❶【キーホルダー】	tarjetas postales タルヘタス　ポスタレス ❶【ポストカード】	revistas レビスタス ❶【雑誌】	bandeja para gafas バンデハ　パラ　ガファス ❶【メガネトレイ】
una alfombrilla de ratón ウナ　アルフォンブリジャ　デ　ラトン ❶【マウスパッド】	una guitarra de flamenco ウナ　ギタラ　デ　フラメンコ ❶【フラメンコギター】	un adorno ウン　アドルノ ❶【置物】	cerámica de Sevilla セラミカ　デ　セビジャ ❶【セビーリャ焼】
marquetería マルケテリア ❶【寄木細工】	damasquinado ダマスキナド ❶【象眼細工】	un juguete de hojalata ウン　フゲテ　デ　オハラタ ❶【ブリキのおもちゃ】	
食品 Comestibles コメスティブレス	azafrán アサフラン ❶【サフラン】	condimentos コンディメントス ❶【調味料】	sal サル ❶【塩】
vinagre balsámico ビナグレ　バルサミコ ❶【バルサミコ酢】	anchoas アンチョアス  ❶【アンチョビ】	latas de atún ラタス　デ　アトゥン ❶【マグロの缶詰】	vino ビノ ❶【ワイン】

スペイン産オリーブオイルを手に入れましょう

スペインの気候や土壌はオリーブ栽培にとても適しているため、生産量は世界第一位です。恵まれた気候で育った香りよいオリーブオイルを楽しんでみましょう。

マス・タレス
Mas Tarrés
アルベキーナ種を使用し、軽い口当たり。ナッツのような味わい。

ダウロ
Dauro
収穫後4時間以内に搾り、ろ過もしないためフレッシュでフルーティー。

スペイン産オリーブオイル

スペインのオリーブオイルは種類が豊富。ぜひいろいろ試してみましょう。

マンサニージャ
Manzanilla
完熟したオリーブのフルーティーな香りを味わうならオススメ。

ソゴルベ・ノストラム
Segorbe Nostrum
シエラ・ネバダ山脈周辺のオリーブを使用。香りが良く甘みがある。

プリムム
Primum
スペイン産オリーブオイルの最高峰で、一番人気を誇る極上オイル。

メッド
Med
マドリード近郊アルベキナ産のオリーブオイルは力強さと濃厚さが特徴。

オリーブを使ったグッズ

保湿効果（左）と日焼け止め（右）効果のあるリップクリーム

オリーブエキスが入った石けん。おみやげにぴったり

| | オリーブオイルはどれですか？ |

¿Cuál es el aceite de oliva [____]? クアル エス エル アセイテ デ オリバ [____] 🔊

甘みがある	dulce ドゥルセ		軽い口当たりの	sabor suave サボル スアベ		エクストラ・バージン extra virgen エクストラ ビルヘン
フルーティーな	afrutado アフルタド		ノンフィルターの	sin filtrar シン フィルトラル		
スパイシーな	a especia ア エスペシア		自然な風味の	sabor natural サボル ナトゥラル		
フレッシュな	fresco フレスコ		一番搾りの	primera presión プリメラ プレシオン		
酸味が少ない	menos ácido メノス アシド		コールドプレスの	presión fría プレシオン フリア		

オーガニック認証って？
有機栽培のオリーブを使用、Agricultura Biológicaと表示されています。審査に通らないと表示することができません。

お気に入りの香りを見つけましょう

もっと自然な［フレッシュな］香りはありますか？	¿Tiene uno con un sabor más natural[fresco]? ティエネ ウノ コン ウン サボル マス ナトゥラル [フレスコ] 🔊 Do you have one with more natural[fresh] scent?
アンダルシア産ですか？	¿Es un producto de Andalucía? エス ウン プロドゥクト デ アンダルシア 🔊 Is it a product of Andalusia?
手摘みのオリーブを使用したものはありますか？	¿Tiene olivas recogidas a mano? ティエネ オリバス レコヒダス ア マノ 🔊 Do you have hand-picked olives?
これにします！	¡Me quedo con este! メ ケド コン エステ I'll take this.
オーガニック認証商品はありますか？	¿Tiene certificado de producto orgánico? ティエネ セルティフィカド デ プロドゥクト オルガニコ 🔊 Do you have certified organic product?

お役立ち単語集 WORD

		味わい	sabor サボル	圧搾	prensado プレンサド
		完熟	maduro マドゥロ	ろ過	filtrado フィルトラド
オリーブオイル	aceite de oliva アセイテ デ オリバ	手摘み	recolectado a mano レコレクタド ア マノ	酸度	acidez アシデス
香り	aroma アロマ	有機栽培	Agricultura Biológica アグリクルトゥラ ビオロヒカ	テイスティング	degustación デグスタシオン

お目当てのコスメの買い方を覚えましょう

スペインで人気のコスメはオリーブオイルなどを使用した自然派化粧品。
旅先の乾いた空気にさらされた肌が、しっとり優しくうるおいます。

スペインコスメの選び方は？

肌が敏感な人にも安心な自然派化粧品がオススメです。
オリーブオイルやアロエ、アーモンドを使用したものな
ど、様々なナチュラル素材の化粧品が揃っています。

コスメを探しましょう

ファンデーションを 探しています。	**Estoy buscando** base de maquillaje. エストイ ブスカンド バセ デ マキジャヘ I'm looking for a foundation cream.
敏感肌でも 使えますか？	¿Se puede usar en piel sensible? ♪ セ プエデ ウサル エン ビエル センシブレ Can this be used on sensitive skin?
日中用[夜用] ですか？	¿Es de uso diurno [nocturno]? ♪ エス デ ウソ ディウルノ [ノクトゥルノ] Is it for daytime-use[night time-use]?
添加物は 使っていますか？	¿Lleva aditivos? ♪ ジェバ アディティボス Does it use any antiseptics?

店員さんに
聞いて
みましょう

この商品は何に[どうやって]使うのですか？

¿Este producto para qué sirve [cómo puedo usarlo]? ♪
エステ プロドゥクト パラ ケ シルベ [コモ プエド ウサルロ]
What is this for? [How can I use this?]

化粧ラベルの
表示単語集 WORD

		しわ	arrugas アルガス	無香料	sin perfume シン ペルフメ
		毛穴	poros ポロス	防腐剤不使用	sin preservantes シン プレセルバンテス
アンチエイジング	anti edad アンティ エダ	植物性の	vegetal ベヘタル	保存料不使用	sin conservantes シン コンセルバンテス
しみ対策	anti manchas アンティ マンチャス	無着色	incoloro インコロロ	オーガニック	orgánico オルガニコ

スペインでプチプラコスメ探し。

プチプラコスメを探すなら、大きなスーパーの化粧
品売り場に行ってみましょう。ボディークリームな
ど1つのサイズが大きいので、持ち帰ることを考え
て買いすぎに注意を！

**日本未入荷の
コスメはありますか？**

¿Tiene cosméticos que no haya en Japón?
ティエネ コスメティコス ケ ノ アジャ エン ハポン
Do you have any cosmetics that isn't available in Japan?

**試してみても
良いですか？**

¿Puedo probármelo?
プエド プロバルメロ
Can I try this?

**UV効果は
ありますか？**

¿Protege de los rayos UV (ultravioleta)?
プロテヘ デ ロス ラジョス ウベ (ウルトラビオレタ)
Does it block UV rays?

**この色に近い
口紅はありますか？**

¿Tiene un pintalabios de un color parecido a éste?
ティエネ ウン ピンタラビオス デ ウン コロル パレシド ア エステ
Do you have lipsticks close to this color?

**色の種類はここに
出ているだけですか？**

¿Sólo tiene estos colores?
ソロ ティエネ エストス コロレス
Are there any other colors?

**人気のものは
どれですか？**

¿Cuál es el más popular?
クアル エス エル マス ポプラル
Which one is popular?

**これを
見たいのですが。**

Quisiera ver éste.
キシエラ ベル エステ
I'd like to see this.

**贈り物用に
包んでもらえますか？**

¿Puede envolverlo para regalo?
プエデ エンボルベルロ パラ レガロ
Could you wrap this as a gift?

**これと同じものを
5つください。**

Quisiera comprar cinco de éste.
キシエラ コンプラル シンコ デ エステ
I want five of these.

数字 P.150

99

LOOK

はありますか?
¿Tiene ☐ **?**
ティエネ ☐
Do you have ☐ ?

crema facial
クレマ ファシアル
【フェイスクリーム】

suero facial
スエロ ファシアル
【美容液】

crema de labios
クレマ デ ラビオス

【リップクリーム】

loción cosmética
ロシオン コスメティカ
【化粧水】

loción de leche
ロシオン デ レチェ
【乳液】

crema protectora solar
クレマ プロテクトラ ソラル
【日焼け止め】

máscara y bolsa facial
マスカラ イ ボルサ ファシアル
【美容マスク、パック】

crema hidratante
クレマ イドラタンテ
【保湿クリーム】

crema de ojos
クレマ デ オホス
【アイクリーム】

crema de día
クレマ デ ディア
【デイクリーム】

crema de noche
クレマ デ ノチェ
【ナイトクリーム】

jabón
ハボン

【石けん】

desmaquillador
デスマキジャドル
【メイク落とし】

jabón limpiadora facial
ハボン リンピアドラ ファシアル
【洗顔料】

crema de manos
クレマ デ マノス
【ハンドクリーム】

perfume
ベルフメ
【香水】

aceite corporal
アセイテ コルポラル
【ボディオイル】

champú
チャンプー
【シャンプー】

crema corporal
クレマ コルポラル
【ボディクリーム】

suavizante
スアビサンテ
【リンス】

tratamiento capilar
トラタミエント カピラル
【ヘアトリートメント】

gel de ducha
ヘル デ ドゥチャ
【シャワージェル】

sal de baño
サル デ バニョ
【バスソルト】

peeling
ピーリン
【ピーリング】

loción aromatizador de rosa
ロシオン アロマティサドル デ ロサ
【ローズミスト】

aceite de oliva
アセイテ デ オリバ
【オリーブオイル】

香水の新製品はありますか?	**¿Tiene algún perfume nuevo?** ティエネ アルグン ベルフメ ヌエボ Do you have a new perfume?
美容液のサンプルはありますか?	**¿Tiene una muestra de suero facial?** ティエネ ウナ ムエストラ デ スエロ ファシアル Do you have a sample of serum?

LOOK

▢ のおすすめはどれ?

¿Qué ▢ me recomienda?

ケ ▢ メ レコミィエンダ🔊

Which ▢ do you recommend?

aceite aromático アセイテ アロマティコ ❶【アロマオイル】	aceite de jojoba アセイテ デ ホホバ ❶【ホホバオイル】
aceite de argan アセイテ デ アルガン ❶【アルガンオイル】	aceite german de trigo アセイテ ヘルメン テ トリゴ ❶【小麦胚芽オイル】

gel aromático ヘル アロマティコ ❶【アロマジェル】	manteca de karité マンテカ デ カリテ ❶【シアバター】

化粧品

cosméticos
コスメティコス

pintalabios
ピンタラ
ビオス

❶【口紅】

aceite esencial アセイテ エセンシアル ❶【エッセンシャルオイル】	crema de manteca de karité クレマ デ マンテカ デ カリテ ❶【シアバタークリーム】

máscara de pestañas マスカラ デ ベスタニャス ❶【マスカラ】	manicura マニクラ ❶【マニキュア】	colorete コロレテ ❶【チーク】	delineador デリネアドル ❶【アイライナー】

sombra de ojos ソンブラ デ オホス ❶【アイシャドー】	base de maquillaje バセ デ マキジャヘ ❶【ファンデーション】

polvos de maquillaje ポルボス デ マキジャヘ ❶【パウダー】	líquido de maquillaje リキド デ マキジャヘ ❶【リキッド】	lápiz de cejas ラピス デ セハス ❶【アイブロウ】	brillo de lábios ブリヨ デ ラビオス ❶【グロス】
crema de base クレマ デ バセ ❶【下地クリーム】	corrector cosmético コレクトル コスメティコ ❶【コンシーラー】	lápiz de lábios ラピス デ ラビオス ❶【リップペンシル】	delineador líquido デリネアドル リキド ❶【アイリキッド】
corrector de ojeras コレクトル デ オヘラス ❶【コントロールカラー】	aplicador de sombra アプリカドル デ ソンブラ ❶【チップ】	algodón アルゴドン ❶【コットン】	a prueba de agua ア ブルエバ デ アグア ❶【ウォータープルーフ】

お役立ち単語集 WORD

		美白	piel blanca ピエル ブランカ	クマ	ójeras オヘラス
		UV	rayos UV ラジョス ウベ	乾燥	seco セコ
ニキビ	acné アクネー	アレルギー	alergia アレルヒア	保湿	hidratante イドラタンテ
くすみ	piel apagada ピエル アパガダ	コラーゲン	colágeno コラーヘノ	オイリー肌	piel grasa ピエル グラサ
毛穴	poros ポロス	ビタミン	vitamina ビタミナ	敏感肌	piel sensible ピエル センシブレ
たるみ	flacidez フラシデス	天然成分	ingredientes naturales イングレディエンテス ナトゥラルス	乾燥肌	piel seca ピエル セカ

本場のエンターテインメントを鑑賞してみましょう

一度は鑑賞してみたい、情熱あふれるフラメンコの世界。
バーやクラブなど、夜も楽しめるスポットを満喫しましょう。

予約～会場へ

フラメンコを観たいのですが。	Quisiera ver un espectáculo de flamenco. キシエラ ベル ウン エスペクタクロ デ フラメンコ I'd like to see a flamenco.

タブラオはどこですか？	¿Dónde hay un tablao? ドンデ アイ ウン タブラオ ♪ Where is tablao?

> タブラオとは？
> フラメンコを見ながらお酒や食事を楽しめるお店のことです。

人気があるのは何ですか？	¿Cuál es más popular? クアル エス マス ポプラル ♪ Which one is popular?

大人2枚ください。	Dos entradas de adulto. ドス エントラダス デ アドゥルト Two tickets for adult, please.

数字⇒P.150

この席は空いていますか？	¿Está libre este asiento? エスタ リブレ エステ アシェント ♪ Is this seat available?

当日券はありますか？	¿Hay entradas para hoy? アイ エントラダス パラ オイ ♪ Do you have a walk-up ticket?

何時からですか？	¿A qué hora comienza? ア ケ オラ コミエンサ ♪ What time does it start?

一番安い[高い]席はどれですか？	¿Cuál es el asiento más barato [caro]? クアル エス エル アシェント マス バラト [カロ]♪ Which seat is the cheapest [most expensive]?

別々の席でもかまいません。	No nos importa que sean asientos separados. ノ ノス インポルタ ケ セアン アシェントス セパラドス We can sit separately.

終演は何時ですか？	¿A qué hora termina la función? ア ケ オラ テルミナ ラ フンシオン ♪ What time does it end?

基本会話

見どころ

グルメ

ショッピング

ビューティ

エンタメ

ホテル

乗りもの

基本情報

単語集

フラメンコで必ず耳にする「オレ！」というハレオ（かけ声）は、「お見事」「いいぞ」という意味です。

フラメンコを体感しましょう

🌹 バイレ baile バイレ

人間の喜怒哀楽を、体全体を使った踊りで表現します。ブラセオ（手や指先、腕の動き）とサバテアード（足さばき）でときに激しく、ときにしなやかに舞います。

🌹 カンテ cante カンテ

ふりしぼる叫びのように魂の奥底から歌われるカンテは、張り裂けるような声で歌ったり、こぶしをきかせる「メリスマ」と呼ばれる歌い方などさまざまです。

🌹 トーケ toque トケ

スペイン語でギター演奏のこと。強烈な印象を与えるラスゲアード（かき鳴らし奏法）が有名で、フラメンコならではのものです。

ワンポイント タブラオに行くなら知っておきたいマナー

まずは予約しましょう

人気のタブラオは必ず予約しましょう。ホテルのコンシェルジュでも手配可能。ショーが深夜に開演するところも多いので、帰り道はタクシーを利用しましょう。

服装は？

バルセロナなどの大都市にはショーアップされた大劇場型タブラオもあり、多少のドレスアップが必要ですが、たいていのタブラオではカジュアルな服装でもOK。

写真は撮ってもいいの？

ショーの間は撮影禁止で、最後の5～10分だけ許可されることが多いですが、ビデオは原則禁止。フラッシュなしなら常時撮影可能なタブラオもあります。

ショーの間に気を付けることは？

リズムを取る手拍子（パルマ）に合わせたくなっても、演奏者や踊り手の集中を乱すので控えましょう。「オレ!」などのかけ声も避けたほうが無難です。

		かけ声	jaleo ハレオ	情熱的	apasionado アパシオナド
		手拍子	palmas パルマス	ステップ	paso パソ
タブラオ	tablao タブラオ	リズム	ritmo リトゥモ	上演	representación レプレセンタシオン
ステージ	escenario エスセナリオ	表情	expresión エクスプレシオン	楽器	instrumento musical インストゥルメント ムシカル

本場のエンターテインメントを鑑賞してみましょう

ここでチケットの
予約はできますか？
¿Puedo reservar una entrada aquí?
プエド　レセルバル　ウナ　エントラダ　アキ 🎵
Can I make a ticket reservation here?

まだチケットは
手に入りますか？
¿Puedo conseguir todavía entradas?
プエド　コンセグイル　トダビア　エントラダス 🎵
Can I still get a ticket?

ショーはいつ
始まりますか？
¿A qué hora empieza el espectáculo?
ア　ケ　オラ　エンピィエサ　エル　エスペクタクロ 🎵
When does the show start?

座席表を見せて
ください。
¿Podría ver la distribución de asientos?
ポドリア　ベル　ラ　ディストゥリブシオン　デ　アシェントス 🎵
Can I see the seating plan?

（チケットを見せながら）
席に案内してください。
¿Puede llevarme a mi asiento?
プエデ　ジェバルメ　ア　ミ　アシィエント 🎵
Could you take me to my seat?

タクシーを呼んで
ください。
¿Podría llamarme un taxi?
ポドリア　ジャマルメ　ウン　タクシィー 🎵
Could you call me a taxi?

ジャズバーなどナイトスポットにて

予約はしていません。
No tengo reserva.
ノ　テンゴ　レセルバ
I don't have a reservation.

お役立ち単語集 WORD		ダンス	danza ダンサ	座席表	plano de asientos プラノ デ アシェントス
		ミュージカル	musical ムシカル	プログラム	programa プログラマ
オペラ	ópera オペラ	前売り券	entrada de venta anticipada エントラダ デ ベンタ アンティシパダ	パンフレット	folleto フォジェト
演劇	teatro テアトロ	当日券	billete para hoy ビジェテ パラ オイ	入口	entrada エントラダ
バレエ	ballet バレ	座席	asiento アシェント	出口	salida サリダ

どのスポットがおすすめですか?
¿Qué zona me recomienda?
ケ　ゾナ　メ　レコミエンダ

基本会話

見どころ

グルメ

ショッピング

ビューティ

エンタメ

ホテル

乗りもの

基本情報

単語集

メニューをください。	¿Me da un menú, por favor? メ　ダ　ウン　メヌ　　　ボル　ファボル ♪ Can I have a menu, please?
(バーで) 席はありますか?	¿Tiene mesas libres? ティエネ　メサス　リブレス Can we get a table?
灰皿を変えてください。	¿Puede cambiar el cenicero? プエデ　　カンビアル　エル　セニセロ ♪ Could you change the ashtray?
入場料はいくらですか?	¿Cuánto cuesta la entrada? クアント　　クエスタ　ラ　エントラダ ♪ How much is the admission?
予約が必要ですか?	¿Tengo que hacer reserva? テンゴ　ケ　アセル　レセルバ ♪ Do I need a reservation?
生演奏はありますか?	¿Tiene actuaciones en directo? ティエネ　　アクトゥアシオネス　エン　ディレクト ♪ Do you have live performance?
今日は混んでいますか?	¿Está lleno hoy? エスタ　ジェノ　オイ ♪ Is it crowded today?

お役立ち単語集
WORD

フラメンコ flamenco フラメンコ	ライブ actuaciones en directo アクトゥアシオネス エン ディレクト	スコッチ escocés エスコセス
ナイトクラブ club nocturno クルブ ノクトゥルノ	キャバレー cabaré カバレ	バーボン bourbon ボウルボン
ディスコ discoteca ディスコテカ	ショーチャージ precio del espectáculo プレシオ デル エスペクタクロ	カクテル cocktail コクテル
	席料 precio del asiento プレシオ デル アシィエント	ビール cerveza セルベサ
	ウィスキー whisky ウィスキー	コーラ coca cola コカ コラ

飲みもの ➡ P.52

スペインのスポーツで熱狂しましょう

スペインは国技である闘牛の他、サッカーが盛んな国。
せっかく来たなら、熱狂的なエンターテイメントを楽しみましょう。

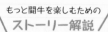
スペインの国技、
闘牛を観てみましょう

闘牛は、牛と人間の生死をかけた聖なる儀式。突進してくる牛に対して、3人の闘牛士たち(ピカドール、バンデリリェーロ、マタドール)は、逃げることなく果敢に立ち向かいます。

闘牛は3部構成のオムニバス劇。1回の闘牛で3人の闘牛士が2回ずつ牛に挑み、計6回の闘いが繰り広げられます。

もっと闘牛を楽しむための
＼ ストーリー解説 ／

1│闘牛士たちの入場
ファンファーレとともに闘牛士たちが入場。出演者全員が競技場に並び、その後に牛が登場します。

2│カポーテの演技
カポーテとは表がピンク、裏が黄色の襟付きマント。闘牛士はこれを両手に牛をあしらい、性格や反射神経などを判断します。

3│ピカドールの場
防具をつけた馬に乗り、長い槍を持ったピカドールの登場。牛が馬に角を突き立てようとした瞬間を狙い、牛の瘤を刺します。

4│バンデリリェーロの場
突進を続ける牛の攻撃を、バンデリリェーロが巧みにかわしながら接近。2本の銛を3回、ピカドールと同じ場所につき立てます。

5│ムレタの場
手負いの牛に立ち向かうマタドールの登場。ムレタ(赤い布)を片手に、華やかに牛をあしらいます。

6│真実の瞬間
首筋が正面に見える状態になると、マタドールはとどめを刺します。すると牛は絶命、これを「真実の瞬間」といいます。

お役立ち単語集 WORD			
	闘技場	ruedo ルエド	ムレタ(赤い布) muleta ムレータ
	闘牛士	torero トレロ	日陰席 asiento de sombra アシェント デ ソンブラ
闘牛場 plaza de toros プラサ デ トロス	角 (つの)	cuerno クエルノ	日向席 asiento de sol アシェント デ ソル

106

リーガ・エスパニョーラの試合を観に行きましょう

世界最高峰のリーグ、リーガ・エスパニョーラの魅力は、何といっても積極的で攻撃的な試合展開。スペイン全土を興奮の渦に巻き込み、人々はゴールに一喜一憂します。メッシなど、世界トップレベルの選手が集まっているのも魅力のひとつです。

ワンポイント スペインのおもなスタジアム

カンプ・ノウ・スタジアム
Estadio Camp Nou

地元チーム、F.C.バルセロナのホームグラウンドで、約10万人を収容できる欧州最大の専用スタジアム。数々のトロフィーが並ぶ博物館も併設されています。

スタジアム見学ツアー ロッカールームや試合前に選手が祈りをささげる礼拝堂など、選手と同じ空間に身を置くことができます。

サンティアゴ・ベルナベウ・スタジアム
Estadio Santiago Bernabeu

白いユニフォームの色から「エル・ブランコ」と呼ばれ、絶大な人気を誇るレアル・マドリードの本拠地。8万人収容可能な巨大スタジアムです。

スタジアム見学ツアー スタジアム最上階のパノラマを堪能し、ロッカールームやベンチ、博物館などを見学できます。

お役立ち単語集 WORD

スタジアム	estadio	エスタディオ
チーム	equipo	エキポ
クラブ	club	クルブ
試合	partido	パルティド
サッカーボール	balón de fútbol	バロン デ フットボル
本拠地	en casa	エン カサ
反則	falta	ファルタ
当日券	entrada para hoy	エントラダ パラ オイ
ユニフォーム	equipación	エキパシオン
選手	jugador	フガドル
監督	entrenador	エントレナドル
ファン	fan/espectador	ファン/エスペクタドル
審判	árbitro	アルビトロ

ホテルで快適に過ごしたいですね

充実した旅を楽しむために、ホテルでの時間も大切にしたいですね。
ホテル滞在中によく使われるフレーズを集めました。

ホテルの到着が遅れそう！

到着が遅くなりますが、予約はキープしてください！	¡Llegaré con retraso, pero no cancele mi reserva, por favor! ジャガレ コン レトラソ ペロ ノ カンセレ ミ レセルバ ポル ファボル I'll be arriving late, but please hold the reservation!

チェックイン・アウトをしましょう

スペインにはパラドールという、古城や貴族の館、修道院などをホテルとして改装した国営ホテルがあり、比較的手ごろな価格で宿泊することができます。

チェックインをお願いします。	**Quisiera registrarme.** キシエラ レヒストラルメ I'd like to check in.
予約してあります。	Tengo una reserva. テンゴ ウナ レセルバ I have a reservation.
ツイン（ベッドが二つ）ですよね？	Es una habitación doble con dos camas, ¿verdad? エス ウナ アビタシオン ドブレ コン ドス カマス ベルダ It's a twin room, isn't it?
眺めのいい部屋をお願いします。	Quisiera una habitación con buenas vistas. キシエラ ウナ アビタシオン コン ブエナス ビスタス I want a room with a nice view.
日本語を話せる人はいますか？	¿Hay alguien que hable japonés? アイ アルギエン ケ アブレ ハポネス Is there anyone who speaks Japanese?
貴重品を預かってください。	¿Podría guardarme los objetos de valor? ポドリア グアルダルメ ロス オブヘトス デ バロル Could you store my valuables?
チェックアウトは何時ですか？	¿A qué hora se debe dejar el hotel? ア ケ オラ セ デベ デハル エル オテル When is the check out time?
ホテル内にどんな施設がありますか？	¿Qué clase de instalaciones tiene el hotel? ケ クラセ デ インスタラシオネス ティエネ エル オテル What kind of facilities do you have in this hotel?

自動販売機はどこですか？	**¿Dónde están las máquinas expendedoras?** 🔊
	ドンデ　エス**タ**　ラス　**マ**キナス　　エクスペンデ**ドー**ラス
	Where is the vending machine?

近くにおいしいレストランはありますか？	**¿Conoce algún buen restaurante cerca?** 🔊
	コ**ノ**セ　ア**ル**グン　プエン　レスタウ**ラン**テ　**セル**カ
	Do you have any good restaurants near here?

ホテルは こんなふうに なっています

ルームサービス
servicio de habitaciones
セル**ビ**シオ　デ　アビタシ**オ**ネス
客室から電話で注文を受け、料理や飲み物を提供するサービス。

ロビー
vestíbulo
ベス**ティ**ブロ
玄関やフロントの近くにあり、待ち合わせや休憩など、客が自由に利用できるスペース。

コンシェルジュ
conserjería
コンセル**ヘ**リア
宿泊客の応対係。街の情報に精通し、客の要望や相談に応じる。

ポーター
mozo de equipajes
モソ　デ　エキ**パ**ヘス
ホテルに到着した車から、宿泊客の荷物をフロントまで運ぶ。

フロント係
recepcionista
レセプシオ**ニ**スタ
チェックイン・チェックアウトや精算、両替、メッセージ等の受け渡し、貴重品の保管などを行う。

ベルボーイ
botones
ボ**ト**ネス
宿泊客の荷物の運搬や客室への案内を行う。ホテルによってはポーターの業務も兼ねる。

クローク
guardarropa
グアルダ**ロー**バ
宿泊客の荷物を預かる。チェックイン前や、チェックアウト後でも利用できる。

お部屋にご案内します。
Le enseño la habitación.
レ　エン**セ**ニョ　ラ　アビタシ**オ**ン

お荷物をお運びします。
Le llevo las maletas.
レ　**ジェ**ボ　ラス　マ**レ**タス

エレベーターはこちらです。
El ascensor está aquí.
エル　アセン**ソ**ル　エス**タ**　ア**キ**

こんにちは
Hola.

ホテルで快適に過ごしたいですね

部屋で

シャワーの出し方をやって見せてくれませんか?

¿Podría enseñarme cómo se usa la ducha?
ポドリア　エンセニャルメ　コモ　セ　ウサ ラ ドゥチャ
Could you show me how to use this shower?

サトウ様、入ってもよろしいですか?

Señorita Sato, ¿se puede pasar?
セニョリータ　サトウ セ　プエデ　パサル
Ms. Sato, may I come in?

入ってください。／ちょっと待ってください。

Entre, por favor. ／ Espere un momento, por favor.
エントレ　ポル ファボル ／エスペレ　ウン モメント　　ポル ファボル
Come in. ／ Just a moment, please.
数字⏺P.150

415号室ですが。

Ésta es la habitación cuatro uno cinco.
エスタ エス ラ アビタシオン　クアトロ　ウノ　シンコ
This is Room 415.
時刻⏺P.152

明日の朝6時にモーニングコールをお願いします。

Por favor, despiérteme mañana a las 6 de la mañana.
ポル ファボル　デスピィエルテメ マニャナ　ア ラス セイス デ ラ マニャナ
Please wake me up at six tomorrow morning.

かしこまりました。

Muy bien, señorita.
ムイ　ビエン セニョリータ
Sure.

新しいバスタオルを持ってきてください。

Por favor, tráigame un toalla de baño.
ポル ファボル トライガメ　　ウン トアジャ デ バニョ
Please bring me a new bath towel.

できるだけ早くお願いします。

Lo más pronto posible, por favor.
ロ　マス　プロント　　ポシブレ　　ポル ファボル
As soon as possible, please.

ルームサービスをお願いします。

Servicio de habitaciones, por favor.
セルビシオ デ アビタシオネス　　ポル ファボル
Room service, please.

ピザとコーヒーをお願いします。

Quisiera una pizza y un café.
キシエラ　　ウナ ピサ　イ ウン カフェ
I'd like a pizza and a coffee.

氷と水を持ってきてください。

Por favor, tráigame agua y hielo.
ポル ファボル トライガメ　　アグア イ イエロ
Please bring me some ice cubes and water.

110

ホテルマナーを知っておきましょう。

1 チェックインから チェックアウトまで
到着が遅れるときや外出して夜遅くに戻る場合は、必ず事前に連絡しましょう。

2 服装
ホテルは公共の場なので、スリッパやパジャマで部屋の外に出ないように。

3 貴重品の管理
外出時は貴重品をフロントか、セイフティ・ボックスに預けましょう。

4 チップについて
ベッドメイキングやコンシェルジュの利用時などには、1〜2ユーロのチップを。

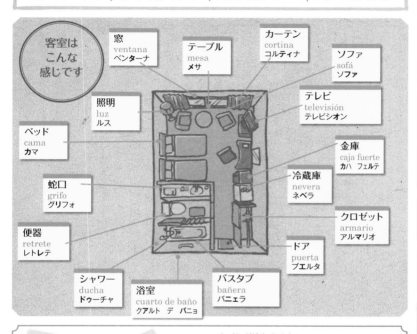

客室はこんな感じです

- 窓 ventana ベンターナ
- テーブル mesa メサ
- カーテン cortina コルティナ
- ソファ sofá ソファ
- テレビ televisión テレビシオン
- 照明 luz ルス
- ベッド cama カマ
- 金庫 caja fuerte カハ フエルテ
- 冷蔵庫 nevera ネベラ
- 蛇口 grifo グリフォ
- クロゼット armario アルマリオ
- 便器 retrete レトレテ
- ドア puerta プエルタ
- シャワー ducha ドゥーチャ
- 浴室 cuarto de baño クアルト デ バニョ
- バスタブ bañera バニェラ

すぐに使えるトラブルフレーズ

シャワーが壊れています。
La ducha no funciona.
ラ ドゥーチャ ノ フンシオナ

部屋を変えてください。
Por favor, quería cambiar de habitación.
ポル ファボル ケリア カンビアル デ アビタシオン

お湯が出ません。
No sale agua caliente.
ノ サレ アグア カリエンテ

トイレが流れません。
La cisterna no funciona.
ラ システルナ ノ フンシオナ

電気がつきません。
No hay corriente eléctrica.
ノ アイ コリエンテ エレクトリカ

締め出されてしまいました。
Me he quedado fuera y la llave está dentro.
メ エ ケダド フエラ イ ラ ジャベ エスタ デントロ

すぐだれかをよこしてください。
¿Puede enviar a alguien enseguida?
プエデ エンビアル ア アルギエン エンセギダ

111

ホテルで快適に過ごしたいですね

ホテルの施設・サービス

両替を したいのですが。	**Quisiera cambiar dinero.** キシエラ　**カ**ンビアル　ディ**ネ**ロ I'd like to exchange money.
レストランは どこですか?	¿Dónde está el salón comedor? **ド**ンデ　エス**タ**　エル　サ**ロ**ン　コ**メ**ドル 🔊 Where is the restaurant?
そこは何時まで やっていますか?	¿A qué hora cierra? ア　ケ　**オ**ラ　シィ**エ**ラ 🔊 What time does it close?
予約は必要ですか?	¿Necesito reserva? ネセ**シ**ト　レ**セ**ルバ 🔊 Do I need a reservation?
朝食がとれるカフェ テリアはありますか?	¿Hay alguna cafetería para desayunar? アイ　アル**グ**ナ　カフェテ**リ**ア　バラ　デサジュ**ナ**ル 🔊 Is there a cafeteria for breakfast?
この荷物をしばらく預 かってもらえますか?	¿Podría guardarme el equipaje un momento? ポ**ド**リア　グアル**ダ**ルメ　エル エ**キ**パヘ　ウン モ**メ**ント 🔊 Could you store this baggage for a while?
この手紙を航空便で お願いします。	Por favor, envíe esta carta por correo aéreo. ポル ファ**ボ**ル　エン**ビ**エ　**エ**スタ　**カ**ルタ　ポル　コ**レ**オ　ア**エ**レオ Please send this letter by air mail.
日本にファックス[メール] を送りたいのですが。	Quisiera enviar un fax [email] a Japón. キシ**エ**ラ　エン**ビ**アル　ウン　**ファ**クス [イー**メ**ール]　ア　ハ**ポ**ン I'd like to send a fax[an e-mail] to Japan.
インターネットは 利用できますか?	¿Puedo usar internet? プ**エ**ド　ウ**サ**ル インテル**ネ**ット 🔊 Can I access the Internet in this hotel?
料金を 教えてください。	¿Cuánto cuesta? ク**ア**ント　ク**エ**スタ 🔊 How much does it cost?
部屋でWiFiは 使えますか?	¿Hay conexión wifi en la habitación? アイ　コネクシ**オ**ン　**ウィ**フィ エン　ラ　アビタシ**オ**ン 🔊 Can I use WiFi in the room?

112

基本会話
見どころ
グルメ
ショッピング
ビューティ
エンタメ
ホテル
乗りもの
基本情報
単語集

セイフティ・ボックスの使い方を教えてくれませんか?	¿Podría decirme cómo se usa la caja fuerte? ポドリア デシルメ コモ セ ウサ ラ カハ フエルテ 🔊 Could you tell me how to use the safety deposit box?	
コンセントはどこですか?	No encuentro el enchufe. ノ エンクエントロ エル エンチュフェ Could you tell me where the outlet is?	
私あてにメッセージが届いていませんか?	¿Ha llegado algún mensaje para mí? ア ジェガド アルグン メンサヘ バラ ミ 🔊 Are there any messages for me?	
タクシーを呼んでください。	¿Podría llamarme un taxi? ポドリア ジャマルメ ウン タクシィー 🔊 Please get me a taxi.	
このホテルの住所がわかるカードが欲しいのですが。	Quisiera una tarjeta con la dirección de este hotel. キシエラ ウナ タルヘタ コン ラ ディレクシオン デ エステ オテル Could I have a card with the hotel's address?	
空港行きのバスはありますか?	¿Hay autobuses para ir al aeropuerto? アイ アウトブセス バラ イルアル アエロプエルト 🔊 Is there a bus that goes to the airport?	
ドライヤーを貸してもらえませんか?	¿Puede prestarme un secador de pelo? プエデ プレスタルメ ウン セカドル デ ペロ 🔊 Can I borrow a dryer?	
レストランの予約をお願いしたいのですが。	Quisiera reservar una mesa. キシエラ レセルバル ウナ メサ I'd like to reserve a restaurant.	
気分が悪いです。	Me encuentro mal. メ エンクエントロ マル I feel sick.	
医者を呼んでいただけますか?	Por favor, llame a un médico. ポル ファボル ジャメ ア ウン メディコ Call a doctor, please.	
隣の部屋がうるさいです。	La habitación de al lado hace mucho ruido. ラ アビタシオン デ アルラド アセ ムチョ ルイド It is noisy next door.	
駐車場を使いたいのですが。	Quisiera usar el parking. キシエラ ウサル エル パルキング I'd like to use the parking.	

ホテルで快適に過ごしたいですね

ホテルでの朝食

部屋で朝食は取れますか?	¿Podría tomar el desayuno en la habitación? ポドリア　トマル　エル　デサジュノ　エン　ラ　アビタシオン 🔊 Can I eat breakfast in the room?
朝8時に持ってきてください。	Por favor, tráigalo a las ocho de la mañana. ポル　ファボル　トライガロ　ア　ラス　オチョ　デ　ラ　マニャナ Please bring it at eight in the morning.　　時刻 🔊P.152
クロワッサンとオレンジジュースをお願いします。	Cruasans y zumo de naranja, por favor. クルアッサン　イ　スーモ　デ　ナランハ　　ポル　ファボル I'd like some croissants and an orange juice, please.
朝食はブッフェスタイルですか?	¿El desayuno es estilo bufet? エル　デサジュノ　エス　エスティロ　ブフェト 🔊 Is breakfast a buffet style?
朝食は何時からですか?	¿A qué hora empieza el desayuno? ア　ケ　オラ　エンピエサ　エル　デスアジュノ 🔊 What time does breakfast start?

チェックアウトをしましょう

チェックアウトをお願いします。	Quisiera dejar el hotel. キシエラ　デハル　エル　オテル 🔊 I'd like to check out, please.
415号室のサトウです。	Soy Sato, de la habitación 415. ソイ　サトウ　デ　ラ　アビタシオン　クアトロ　シィエントス　キンセ It's Sato in Room 415.　　数字 🔊P.150
精算書が間違っています。	La cuenta está mal. ラ　クエンタ　エスタ　マル I think there is a mistake in this bill.
ルームサービスは使っていません。	No he usado el servicio de habitaciones. ノ　エ　ウサド　エル　セルビシオ　デ　アビタシオネス I didn't order room service.
国際電話はかけていません。	No he hecho llamadas internacionales. ノ　エ　エチョ　ジャマダス　インテルナシオナレス I didn't make any international phone calls.

基本会話

見どころ

グルメ

ショッピング

ビューティ

エンタメ

ホテル

乗りもの

基本情報

単語集

ありがとう。とても楽しく過ごせました。	Gracias. He disfrutado mucho de mi estancia. グラシアス エ ディスフルタド ムチョ デ ミ エスタンシア Thank you. I really enjoyed my stay.
ミニバーからジュースを1本飲みました。	He tomado un zumo del minibar. エ トマド ウン スーモ デル ミニバル I had a bottle of juice from the mini bar.
預かってもらった貴重品をお願いします。	Quisiera recoger mis objetos de valor. キシエラ レコヘル ミス オブヘトス デ バロル I'd like my valuables back.
部屋に忘れ物をしました。	Me he olvidado algo en la habitación. メ エ オルビダド アルゴ エン ラ アビタシオン I left something in my room.
クレジットカードで支払いたいのですが。	Quisiera pagar con tarjeta de crédito. キシエラ パガル コン タルヘタ デ クレディト I'd like to pay by credit card.
このクレジットカードは使えますか?	¿Se puede usar esta tarjeta de crédito? セ プエデ ウサル エスタ タルヘタ デ クレディト ♪ Do you accept this credit card?
現金で支払います。	Pagaré en efectivo. パガレ エン エフェクティボ I'd like to pay by cash.
滞在を一日延ばしたいのですが。	Quisiera alargar un día más mi estancia. キシエラ アラルガル ウン ディア マス ミ エスタンシア I'd like to extend my stay.

お役立ち単語集 WORD

水	agua アグア	掛け布団	edoredón エドレドン	トイレットペーパー	papel higiénico パペル イヒエニコ
お湯	agua caliente アグア カリエンテ	マットレス	colchón コルチョン	ハンガー	percha ペルチャ
枕	almohada アルモアダ	空調	aire acondicionado アイレ アコンディシオナド	スリッパ	zapatillas サパティジャス
シーツ	sábanas サバナス	シャンプー	champú チャンプー	グラス	vaso バソ
		石けん	jabón ハボン	ドライヤー	secador セカドル
		タオル	toalla トアジャ	灰皿	cenicero セニセロ

入国審査に必要な会話はこんな感じです

| **空港** aeropuerto アエロプエルト

現地の空港に到着したら、まずは入国審査へ進みましょう。使うフレーズはだいたい決まっているので、練習してスムーズに入国したいですね。パスポートなど、必要なものの準備も忘れずに。

入国審査では?
審査はEU加盟国のパスポート保持者とそれ以外の国民で分かれているので、EU以外(All passports／Todos los pasaportes)に並びましょう。滞在目的や期間などを質問される場合もあります。

入国審査で提出するものはこちら。
●パスポート
●帰りの航空券(求められたら提出しましょう)

税関はこちら。
●パスポート
免税範囲内なら検査はなし。そのまま出口へ進みましょう。

ETIAS(エティアス)って?
スペインを含む欧州27カ国への入国に必要な電子渡航認証システム。事前にオンラインで申請します。2025年以降に導入される予定です。

EUシェンゲン協定実施国を経由する場合は、スペインでの出入国審査はありません。

パスポートを見せてください。

¿Puedo ver su pasaporte, por favor?
プエド　　ベル　ス　パサポルテ　　　ポル　ファボル 🔊
May I see your passport, please?

旅行の目的は何ですか?

¿Cuál es el propósito de su visita?
クアル　エス　エル　プロポシト　デ　ス　ビシタ 🔊
What's the purpose of your visit?

観光です。／仕事です。

Turismo.／Negocios.
トゥリスモ　／　ネゴシオス
Sightseeing.／Business.

何日間滞在しますか?

¿Cuánto tiempo va a quedarse?
クアント　　ティエンポ　バ　ア　ケダルセ 🔊
How long are you going to stay?

<u>10</u>日ほどです。

Unos <u>10</u> días.
ウノス　ディエス　ディアス
About ten days.　　　　　　　　　　　　数字⮕P.150

どこに滞在しますか?

¿Dónde piensa quedarse?
ドンデ　　ビィエンサ　ケダルセ 🔊
Where are you staying?

プラザホテルです。／友達の家です。

En el hotel Plaza.／En casa de un amigo [una amiga].
エン　エル　オテル　プラサ／　エン　カサ　デ　ウン　アミゴ　[ウナ　アミガ]
Plaza Hotel.／My friend's house.

スペインでの入国手続きの流れはこんな感じです

1 到着
空港に到着。案内に従い入国審査へ進む。

2 入国審査
外国人(EU以外)カウンターの列に並び、入国審査を受ける。

3 荷物の受け取り
航空会社、便名を確認し、機内に預けた荷物を受け取る。

4 税関
荷物を持って税関へ。申告するものがなければ緑のゲートを通過。申告が必要な場合は赤いゲートで手続きをする。

5 到着ロビー
税関を抜けてゲートをくぐると到着ロビーに。

乗り継ぎの場合は

搭乗ゲートはどこですか?

¿Dónde está la puerta de embarque?
ドンデ　エスタ　ラ　プエルタ　デ　エンバルケ
Where is the boarding gate?

荷物が見つからないときは?

預けた荷物が出てこなかったら、航空券とクレームタグをもって、航空会社のスタッフや「Lost & Found」カウンターに相談しましょう。すぐに見つからない場合は、荷物の特徴や連絡先を伝えて手続きをします。荷物の受け取り方法や、補償についても確認しておくと安心です。

私のスーツケースがまだ出てきません。

Mi maleta no ha llegado todavía.
ミ　マレタ　ノ　ア　ジェガド　トダビア
My suitcase hasn't arrived yet.

見つかりしだい、ホテルに届けてください。

Por favor, envíemela al hotel tan pronto como la localice.
ポル　ファボル　エンビエメラ　アル　オテル　タン　プロント　コモ　ラ　ロカリセ
Please deliver it to my hotel as soon as you've located it.

スーツケースが破損しています。

Mi maleta está dañada.
ミ　マレタ　エスタ　ダニャダ
My suitcase is damaged.

税関で荷物について聞かれることも。

友人へのプレゼントです。 ／ 私の身の回り品です。

Un regalo para mi amigo[amiga]. ／ Mis objetos personales.
ウン　レガロ　パラ　ミ　アミゴ[アミガ]／ミス　オブヘトス　ペルソナレス
A present for my friend. ／ My personal belongings.

到着	llegada ジェガダ	荷物受け取り	recogida de equipajes レコヒダ デ エキパヘス	手荷物引換証	resguardo レスグアルド
入国審査	inmigración イミグラシオン	税関	aduanas アドゥアナス	検疫	cuarentena クアレンテナ
		到着ロビー	sala de llegadas サラ デ ジェガダス	免税／課税	sin impuesto / con impuestos シン インプエスト／コン インプエスト
		入国カード	tarjeta de desembarque タルヘタ デ デスエンバルケ	税関申告書	tarjeta de declaración タルヘタ デ デクララシオン

機内でより快適に過ごすために

機内 en el avión
エン エル アビオン

飛行機に乗り込んだら、もう海外旅行は始まっています。
旅先の会話に備えて、機内から外国人の乗務員さんに話しかけてみましょう。

機内で

困ったことがあれば乗務員さんにたずねましょう。座席を倒すときは、後ろの席の人に声をかけるとスマート。食事や離着陸のときは元の位置に戻します。シートベルト着用サインの点灯中は、危ないので席を立たないように。

機内に持っていくと便利なもの

- ・スリッパ
- ・マスク
- ・上着
- ・耳栓
- ・アイマスク
- ・首枕
- ・常備薬
- ・コンタクト洗浄液&保存液
- ・目薬&眼鏡
- ・のどあめ
- ・ウェットティッシュ
- ・化粧水
- ・歯ブラシ
- ・ガイドブック&会話帖
- ・むくみ防止ソックス

液体類は持込制限があるので、持ち込む際は事前に確認しましょう。

ここは私の席です。

Creo que éste es mi asiento
クレオ ケ エステ エス ミ アシェント
I think you are in my seat.

マラガへ乗り継ぎの予定です。

Haré escala para Málaga .
アレ エスカラ パラ マラガ
I'll connect with another flight to Malaga.

気分が悪いのですが。

Me encuentro mal.
メ エンクエントロ マル
I feel sick.

モニターが壊れています。

La pantalla no funciona.
ラ パンタジャ ノ フンシオナ
The monitor is not working.

荷物をここにおいてもいいですか?

¿Puedo poner aquí mi equipaje?
プエド ポネル アキ ミ エキパヘ 🔊
Can I put my baggage here?

座席を倒してもいいですか?

¿Puedo reclinar mi asiento?
プエド レクリナル ミ アシェント 🔊
Can I recline my seat?

トイレはどこですか?

¿Dónde está el servicio?
ドンデ エスタ エル セルビシオ 🔊
Where's the restroom?

118

機内アナウンスがわかります！

シートベルトを着用してください。
Por favor, abróchese el cinturón.
ポル ファボル アブロチェセ エル シントゥロン
Please fasten your seat belts.

座席に戻ってください。
Por favor, vuelva a su asiento.
ポル ファボル ブエルバ ア ス アシェント
Please get back to your seat.

座席を元の位置に戻してください。
Por favor, vuelva el asiento a su posición original.
ポル ファボル ブエルバ エル アシェント ア ス ポシシオン オリヒナル
Please put your seat back to its original position.

テーブルを元の位置に戻してください。
Por favor, ponga la mesa en su posición original.
ポル ファボル ポンガ ラ メサ エン ス ポシシオン オリヒナル
Please put your table back to its original position.

何か頼みたいときは？

座席にある呼び出しボタンを使えば、周りの人に迷惑をかけずに乗務員さんを呼ぶことができます。

機内でアルコールを飲むと、地上にいるときよりも酔いやすくなります。くれぐれも飲み過ぎには注意しましょう。

無事に
着きました～！

枕とブランケットをください。
Una almohada y una manta, por favor.
ウナ アルモアダ イ ウナ マンタ ポル ファボル
Could I have a pillow and a blanket?

寒い［暑い］です。
Tengo frío [calor].
テンゴ フリオ［カロル］
I feel cold [hot].

オレンジジュース［ビール］をください。
Zumo de naranja [Cerveza], por favor.
スーモ デ ナランハ［セルベサ］ ポル ファボル
Orange juice [Beer], please.

食事になっても起こさないでください。
Por favor, no me despierte para comer.
ポル ファボル ノ メ デスピエルテ パラ コメル
Don't wake me up for the meal service.

これ（トレイ、コップなどを指して）を下げてもらえますか？
¿Puede llevarse esto?
プエデ ジェバルセ エスト
Could you take this away?

お役立ち単語集 *WORD*

使用中	ocupado オクパド	窓側席	asiento de ventana アシェント デ ベンタナ	時差 diferencia horaria ディフェレンシア オラリア
空き	libre リブレ	通路側席	asiento de pasillo アシェント デ パシジョ	吐き気 náuseas ナウセアス
		座席番号	número de asiento ヌメロ デ アシェント	非常口 salida de emergencia サリダ デ エメルヘンシア
		現地時間	hora local オラ ロカル	薬 medicina メディシナ

基本会話
見どころ
グルメ
ショッピング
ビューティ
エンタメ
ホテル
乗りもの
基本情報
単語集

いよいよ帰国です　空港 aeropuerto アエロプエルト

出発の約2〜3時間前からチェックインができるので、余裕をもって空港に向かいましょう。
現地の人と会話できるのもこれで最後。思う存分話しましょう!

空港へ向かいましょう

混雑する時期や時間帯は、手続きに時間がかかることが多いので、早めに空港に到着するようにしましょう。複数のターミナルがある大きな空港を利用する場合は、事前にチェックインの場所を確認しておくと安心。リムジンバスやタクシーを利用する場合は、道路の渋滞にも気をつけて。

> イベリア航空のカウンターはどこですか?
>
> ¿Dónde está el mostrador de Iberia ?
> ドンデ　エスタ　エル　モストラドル　デ　イベリア🔊
> Where is the Iberia Airline counter?

> チェックインをお願いします。
>
> Facture, por favor.
> ファクトゥレ　ポル　ファボル
> Check in, please.

リコンファーム（予約の再確認）

最近はリコンファーム不要の航空会社がほとんどですが、念のために要不要を確認しておくと安心です。

> 飛行機の予約を再確認したいのですが。
>
> Desearía confirmar mi vuelo.
> デセアリア　コンフィルマル　ミ　ブエロ
> I'd like to reconfirm my flight.

> 名前はタナカミカです。
>
> Mi nombre es Mika Tanaka .
> ミ　ノンブレ　エス　ミカ　タナカ
> My name is Mika Tanaka.

チェックイン

パスポートや航空券(eチケット控え)を用意して、搭乗する航空会社のカウンターや自動チェックイン機で搭乗手続きをします。オンラインチェックインも便利です。

> 8月15日のKLM605便、成田行きです。
>
> Mi número de vuelo es KLM 605 para Narita el 15 de agosto.
> ミ　ヌメロ　デ　ブエロ　エス　カエレエメ　セイス　シエントス　シンコ　パラ　ナリタ　エル　キンセ　デ　アゴスト
> My flight number is KLM605 for Narita on August 15th.　数字🔊P.150　月🔊P.151

急いでいるときには…

> 申し訳ありません。出発まで時間がありません。
>
> Disculpe. Mi vuelo está a punto de salir.
> ディスクルペ　ミ　ブエロ　エスタ　ア　プント　デ　サリール
> I'm sorry. My flight is leaving shortly.

> 窓側 [通路側] の席にしてください。
>
> Asiento de ventanilla [pasillo], por favor.
> アシエント　デ　ベンタニジャ　[パシジョ]　ポル　ファボル
> A window[An aisle] seat, please.

基本会話

見どころ

グルメ

ショッピング

エンタメ

ビューティ

ホテル

乗りもの

基本情報

単語集

スペインでの出国手続きの流れはこんな感じです

1 チェックイン
航空会社のカウンターや自動チェックイン機で搭乗手続きをして荷物を預ける。

2 免税の手続き
旅行中の買い物の免税手続きをする場合は、空港にある端末（DIVA）で免税書類をかざす。緑色のチェックマークが表示されれば認証終了。赤い表示の場合は、有人の税関窓口での手続きが必要。

3 セキュリティチェック
手荷物検査とボディチェックを受ける。液体類や刃物などの持ち込みは制限されている。

4 出国審査
パスポートと搭乗券を提出して出国審査を受ける。終わったら出発ロビーへ進む。

空港では常に時間を気にしておきましょう。わからないことがあったら、すぐに空港スタッフに聞きましょう。

他の便に振り替えできますか？

¿Puedo cambiar a otro vuelo?
プエド　カンビアル　ア　オトロ　ブエロ🔊
Can I change the flight?

10番の搭乗ゲートはどこですか？

¿Dónde está la puerta de embarque 10?
ドンデ　エスタ　ラ　プエルタ　デ　エンバルケ　ディエス🔊
Where is Gate 10?
数字🔊P.150

この便は定刻に出発しますか？

¿Saldrá este vuelo a la hora prevista?
サンドラー　エステ　ブエロ　ア　ラ　オラ　プレビスタ🔊
Will this flight leave on schedule?

どれくらい遅れますか？

¿Cuánto tiempo lleva de retraso?
クアント　ティエンポ　ジェバ　デ　レトラソ🔊
How long will it be delayed?

荷物を預ける

液体類や刃物などの持ち込みは制限されているので、預ける荷物に入れましょう。クリームやペースト状のものも対象です。モバイルバッテリーやライターなど、預けられないものもあるのでパッキングの前に確認を。

割れ物が入っています。

Contiene objetos frágiles.
コンティエネ　オブヘトス　フラヒレス
I have a fragile item.

荷物に割れ物が入っている場合は係員に伝えましょう。

これは機内に持ち込む手荷物です。

Éste es mi equipaje de mano.
エステ　エス　ミ　エキパヘ　デ　マノ
This is carry-on luggage.

荷物を出してもいいですか？

¿Puedo coger mi maleta?
プエド　コヘル　ミ　マレタ🔊
Can I take out my luggage?

無事
飛行機に
乗れました～！

121

空港～市内へ移動　電車 tren トレン　バス autobús アウトブス　タクシー taxi タクシィ

空港から市内へは、さまざまなルートがあります。予算やスケジュールの都合に合わせて選びましょう。
これから現地の人たちに接する機会が増えていきますので、まずは積極的に話しかけましょう。

乗り場を探しましょう

到着したばかりの海外の空港では戸惑ってしまうことも。乗り場が見つからない場合は人に尋ねましょう。

自信がないときは必ず聞くようにしましょう。

カートを探しています。

¿Dónde están los carritos?
ドンデ　エスタン　ロス　カリトス◎
Where are the baggage carts?

RENFE（レンフェ）の駅はどこですか？

¿Dónde está la estación de Renfe?
ドンデ　エスタ　ラ　エスタシオン　デ　レンフェ◎
Where is the station of Renfe?

マドリードの場合

バラハス空港からは、地下鉄8号線や国鉄（RENFE）で、ヌエボス・ミニステリオス駅などの主要駅までアクセスできます。荷物が多い場合は、アトーチャ駅と空港を結ぶエアポートバスや、タクシーの利用がオススメです。

市内へ行くバスはありますか。

¿Hay algún autobús hasta la ciudad?
アイ　アルグン　アウトブス　アスタ　ラ　シウダ◎
Is there an airport bus to the city?

パレスホテルへ行くバスにはどこで乗れますか？

¿Dónde puedo tomar el autobús para el hotel Palace?
ドンデ　プエド　トマル　エル　アウトブス　パラ　エル　オテル　パラセ◎
Where can I get the bus survice for the Palace Hotel?

バルセロナの場合

エル・プラット空港には地下鉄や国鉄（RENFE）が乗り入れています。スペイン広場やカタルーニャ広場などへ行くエアポートバス（Aerobús）もあり、24時間運行で本数も多いので便利です。

日本のように予定通りに来るとは限らないので注意しよう。

何分おきに出ていますか？

¿Cada cuanto tiempo sale?
カダ　クアント　ティエンポ　サレ◎
How often does it run?

何時に出発ですか。

¿A que hora sale?
ア　ケ　オラ　サレ◎
What time does it leave?

切符売り場はどこですか？

¿Dónde puedo comprar el billete?
ドンデ　プエド　コンプラル　エル　ビジェテ◎
Where is the ticket office?

すぐ対応できるように、事前に調べて、ホテル付近の地図、住所やホテル名を書いたメモを持っておくと便利。迷ったら早めに人に尋ねましょう。

大人1枚ください。

Un billete de adulto, por favor.
ウン ビジェテ デ アドゥルト ポル ファボル
One adult, please.
数字⊜P.150

このバスはセビーリャに行きますか？

¿Este autobús va a Sevilla?
エステ アウトブス バ ア セビジャ🔊
Does this bus to Sevilla?

次のバスは何分後ですか？

¿A qué hora sale el próximo autobús?
ア ケ オラ サレ エル プロクシモ アウトブス🔊
What time does the next bus leave?

（車内アナウンス）次の停留所はスペイン広場です。

Próxima parada Plaza de España.
プロクシマ パラダ プラサ デ エスパニャ
The next stop is Spain Square.
観光地⊜P.32

タクシーを利用

荷物や人数が多いときには、ホテルへ直行できるので便利。メーター制の場合は、夜間や週末の割増料金、空港乗り入れ料などが加算されます。マドリードでは空港〜市内中心部の乗車は定額料金です。

タクシー乗り場はどこですか？

¿Dónde está la parada de taxis?
ドンデ エスタ ラ パラダ デ タクシィス🔊
Where is the taxi stand?

必ずタクシー乗り場に並んでいるタクシーを利用しよう。走り出したらメーターが作動しているかのチェックも忘れずに。

このホテルまでタクシー代はいくらくらいですか？

¿Cuánto cuesta ir en taxi hasta este hotel?
クアント クエスタ イル エン タクシィ アスタ エステ オテル🔊
How much does it cost to this hotel by taxi?

（運転手に）パレスホテルで降りたいです。

Quisiera apearme en el hotel Palace.
キシエラ アペアルメ エン エル オテル パラセ
I want to get off at Palace Hotel.

（運転手に）スーツケースを降ろしてください。

¿Puede sacar mi maleta del maletero?
プエデ サカル ミ マレタ デル マレテロ🔊
Could you unload my suitcase from the trunk?

無事到着しましたー！

右側タブ：
基本会話 / 見どころ / グルメ / ショッピング / ビューティ / エンタメ / ホテル / 乗りもの / 基本情報 / 単語集

乗りものに乗って移動を　地下鉄 metro メトロ

マドリードやバルセロナの観光は主要観光スポットを効率よくまわれる地下鉄で。
路線ごとに色分けされているので旅行者にもわかりやすいです。

乗り場を探しましょう

まずは地下鉄の入口を探しましょう。マドリードでは赤いひし形の中に「Metro」の文字、バルセロナでは白いひし形の中に赤色で「M」の看板が目印です。

切符売り場はどこですか？

¿Dónde está la venta de billetes?
ドンデ　エスタ　ラ　ベンタ　デ　ビジェテス 🔊
Where is the ticket office?

地下鉄の入口はコチラ

地下鉄の入口はコチラ

回数券が欲しいのですが。

Un bono, por favor.
ウン　ボノ　ポル　ファボル
I'd like to have a carnet?

地下鉄の切符

乗車券は地下鉄やバス、トラムなどと共通で、1回券や10回券、乗り放題券などがあります。マドリードでは紙のチケットが廃止されたため、地下鉄の乗車には交通系ICカード「Tarjeta Multi」の購入とチャージが必要です。

時刻表を見せてください。

¿Puedo ver el horario?
プエド　ベル　エル　オラリオ 🔊
Can I see a schedule?

地下鉄の路線図をください。

¿Puede darme un plano del metro?
プエデ　ダルメ　ウン　プラノ　デル　メトロ 🔊
Can I have a subway map?

乗る前にチェックすることは？

自動改札を通ってホームへ。構内の案内板で、路線番号と行先を確認しましょう。

いちばん近い地下鉄の駅はどこですか？

¿Dónde está la estación de metro más cercana?
ドンデ　エスタ　ラ　エスタシオン　デ　メトロ　マス　セルカナ 🔊
Where is the nearest subway station?

案内板

案内板の表示に従って進めばOK。

グエル公園に行くには、どの駅で降りればいいですか？

Para ir al Parque Güell, ¿en qué estación tengo que bajar?
パラ　イル　アル　パルケ　グエル　エン　ケ　エスタシオン　テンゴ　ケ　バハル 🔊
At which station do I have to get off to go to Park Guell? 観光地🔊P.32

何分かかりますか？

¿Cuánto tiempo se tarda?
クアント　ティエンポ　セ　タルダ 🔊
How much time does it take?

地下鉄の乗り方は？

1 切符を買う
駅の自動券売機やタバコ屋などで購入する。

2 改札を通る
改札機に切符を入れるか、ICカードをタッチ。回転バー式は押して通る。

3 乗車＆降車
地下鉄のドアはほとんどが自分で操作し開けるタイプ。

4 出口へ
Sortida/Salida(出口)の表示に従って進む。改札を出るときは切符やICカードは必要ない。

車内では荷物は両手で抱え、できれば座席に座りましょう。早朝・深夜など人の少ない時間帯は利用を避けて。

乗り換えは必要ですか？

¿Hay que hacer transbordo?
アイ　ケ　アセル　トランスボルド
Do I have to transfer?

降りるときは？
車内アナウンスはありますが、いくつ目の駅で降りるかを確認しておくとよいです。なお、ドアは手動式なので注意。

プラド美術館へ行くには、どの路線に乗ればいいですか？

Para ir al Museo del Prado, ¿qué línea tengo que coger?
パラ　イル　アル　ムセオ　デル　プラド　ケ　リネア　テンゴ　ケ　コヘル
Which line should I take to go to Prado Museum?
観光地 P.32

次は何駅ですか？

¿Cuál es la próxima parada?
クアル　エス　ラ　プロクシマ　パラダ
What is the next stop?

終電は何時ですか。

¿A qué hora sale el último tren?
ア　ケ　オラ　サレ　エル　ウルティモ　トレン
What time does the last train leave?

無事到着しましたー！

お役立ち単語集 WORD

切符	billete ビジェテ	切符売り場	venta de billetes ベンタ デ ビジェテス	時刻表	lista de horarios リスタ デ オラリオス
回数券	bono [tarjeta] ボノ [タルヘタ]	おつり	cambio カンビオ	所要時間	tiempo requerido ティエンポ レケリド
自動券売機	máquina expendedora automática de billetes マキナ エクスペンデドラ アウトマティカ デ ビジェテス	改札	tornos de acceso トルノス デ アクセソ	駅員	personal de estación ペルソナル デ エスタシオン
		ホーム	andén アンデン	乗り換え	transbordo トランスボルド
		案内板	panel de información パネル デ インフォルマシオン	入口	entrada エントラダ
		路線図	plano del metro プラノ デル メトロ	出口	salida サリダ

乗りものに乗って移動を

鉄道 ferrocarril
フェロカリル

スペインの鉄道網はマドリードを中心に放射状に広がっており、都市間の移動におすすめです。
目的地までの切符を買ってきちんと乗れたら、列車ならではの旅の風景を楽しみましょう。

スペインの鉄道について
路線のほとんどを網羅しているのがRENFE（レンフェ）と呼ばれるスペインの国鉄です。ローカル色あふれる近郊列車から、中・長距離列車、高速列車AVEがあります。また、主要都市間ではフランス国鉄のOuigoや民間会社のiryoなどの格安高速列車も運行しています。

AVE（アベ）とは？
最高時速約300kmで走る高速列車。フランスのTGVの技術を導入しており、乗り心地も快適です。全席指定で、座席クラスによって料金が異なります。

注意すること
発車時にはベルもアナウンスもありません。構内の案内板で発車時間やホームを確認し、乗り遅れに注意しましょう。また、改札がない列車では車内で検札があります。チケットはすぐに提示できるようにしておきましょう。

発着掲示板

出発はSalida、到着はLlegadasのところを見る。Destinoが行き先でProcedenteが出発地、発車時間はHora.ホームはVía。

明日 10 時頃発のトレド行きの AVE を予約したいのですが。

Quería hacer una reserva para el AVE de mañana a las diez a Toledo.
ケリア アセル ウナ レセルバ パラ エル アベ デ マニャナ ア ラス ディエス ア トレド
I'd like to reserve a seat of AVE for Toledo which leaves around ten o'clock tomorrow.

大人2枚、1等でお願いします。

Dos billetes de adulto en preferente, por favor.
ドス ビジェテス デ アドゥルト エン プレフェレンテ ボル ファボル
Two adult tickets on first class, please.　　　　　数字 P.150

現金が使える券売機はどれですか？

¿Cuál es la máquina expendedora que acepta efectivo?
クアル エス ラ マキナ エクスペンデドラ ケ アセプタ エフェクティボ
Which ticket machine accept cash?

券売機の使い方を教えてください。

Me enseña a usar la máquina expendedora, por favor.
メ エンセニャ ア ウサル ラ マキナ エクスペンデドーラ ボル ファボル
Could you tell me how to use the ticket machine?

5番ホームはどこですか？

¿Dónde está el andén cinco?
ドンデ　　　　エスタ エル アンデン シンコ
Where is the platform No. 5?　　　　　数字 P.150

マラガ行きの列車はこのホームで OK ですか？

¿El tren para Málaga sale de este andén?
エル トレン パラ マラガ　　サレ デ エステ アンデン
Does the train for Málaga leave from this platform?

2号車13 A の座席を探しています。

Busco el asiento 13 A del coche 2.
ブスコ エル アシィエント トレセ ア デル コチェ ドス
I'm looking for a seat 13 A on the car No. 2.　　　　　数字 P.150

126

列車の乗り方はこんな感じです

1 切符の予約・購入
AVEや長距離列車は予約が必要。購入はオンラインや駅の窓口で。

2 ホームへ
乗る列車のホーム番号を掲示板で確認。改札はない駅も多いが、あれば通ってホームへ。

3 乗車
車両横に書かれた行き先を確認して乗車。

4 降車
到着駅を確認して降車。改札はないのでそのまま駅を出ればOK。

お得な鉄道パス

長期間スペインを旅するときに便利。ユーレイル公式サイトや日本の代理店などで購入しておきましょう。

●ユーレイルグローバルパス
ユーレイル加盟国で特急・急行含め乗り放題。使用日連続タイプと、乗車日を選ぶフレキシブルタイプがある。

●ユーレイル・スペインパス
一部の列車を除き、スペイン国内のRENFEが乗り放題になる。使用期間は1カ月の間で3〜8日。1等と2等がある。

> ユーレイルパスを使って高速列車や寝台列車などに乗車する場合は、座席指定券の予約・購入も必要です。

※鉄道は制度やシステムが変わる場合があります。利用の際は事前に確認してください。

寝台に変更したいのですが。

Quería cambiar mi reserva a coche cama.
ケリア　カンビアル　ミ　レセルバ　ア　コチェ　カマ
I'd like to change my reservation to Sleeping Car?

次はセゴビア駅ですか?

¿La próxima estación es Segovia?
ラ　プロクシマ　エスタシオン　エス　セゴビア🔊
Is the next station Segovia?

座席指定券をください。

Un asiento reservado, por favor.
ウン　アシェント　レセルバド　ポル　ファボル
I'd like a reserved seat, please.

お役立ち単語集 WORD			
	往復切符	billete de ida y vuelta ビジェテ デ イダ イ ブエルタ	
片道切符 billete de ida ビジェテ デ イダ	運行掲示板	panel información servicios パネル インフォルマシオン セルビシオ	
路線 línea リネア	プラットフォーム andén アンデン	番線	número de andén ヌメロ デ アンデン

> スペインの高速列車は全席指定。AVEの場合はゆったりした座席の1等車とスタンダード席の2等車があり、サービス内容や変更・キャンセル条件などによってチケットが分かれています。Premium（1等）は食事付きで、駅のラウンジも利用できます。変更や払い戻しも無料です。

乗りものに乗って移動を

タクシー
taxi
タクシィ

荷物が多いときや深夜など、タクシーは旅行者にとって重要な交通手段です。利用方法を覚えて、上手に活用しましょう。

タクシーを探しましょう
街中に点在しているタクシー乗り場を探しましょう。駅や広場の周辺、街中の通り沿いにあります。また流しのタクシーをつかまえることもできます。配車アプリも便利です。

タクシーが来たら…
フロントガラスの上部に出ているプレートに「LLIURE」か「LIBRE」とあれば空車です。夜間は屋根の上の緑ランプが点灯します。

ドアは手動なので自分で開けて、後部座席に座りましょう。

行先を告げます
運転手は英語が話せないことが多いです。スペイン語に自信がなければ、行先を書いたメモを渡すとよいでしょう。車が走り出したら、メーターが動いているか確認しましょう。

タクシーを呼んでください。

¿Podría llamarme un taxi?
ポドリア　　ジャマルメ　　　ウン　タクシィ ♪
Please call me a taxi?

いくらくらいですか?

¿Cuánto costará?
クアント　　　コスタラ ♪
How much will it be?

> 流しのタクシーを止める際は手を挙げて合図しましょう。

時間はどのくらいかかりますか?

¿Cuánto tiempo se tarda?
クアント　　　ティエンポ　セ　タルダ ♪
How long will it take?

この住所へ行ってください。

Lléveme a esta dirección, por favor.
ジェベメ　　ア　エスタ　ディレクシオン　ポル　ファボル
I want to go to this address.

プラド美術館まで行ってください。

Al Museo del Prado, por favor.
アル　ムセオ　デル　プラド　　　　ポル　ファボル
I want to go to Prado Museum, please.　　　　　観光地 ➡ P.32

急いでください!

Deprisa, por favor.
デプリサ　　　ポル　ファボル
Please hurry.

荷物をトランクに入れてください。

¿Puede meter mi equipaje en el maletero?
プエデ　　　メテル　　ミ　エキパヘ　　　エン　エル　マレテロ ♪
Please put my luggage in the trunk.

スペインのタクシーの料金システムは？

「基本料金＋1kmごとの加算」が基本です。夜間や早朝、土日、祝日は割高となります。また走行中メーターに表示される乗車料金のほかに、空港や駅への乗り入れ料金などが到着時に加算されます。

人通りが少ない場合は短い距離の移動でもタクシーを使うのが安全。とはいえ深夜に女性1人で乗るのは危険なので、そのような事態は避けて。

ここで停めてください。

¿Puede parar aquí?
プエデ　パラル　アキ ♪
Stop here, please.

ここでちょっと待っていてください。

Espere aquí un momento, por favor.
エスペレ　アキ　ウン　モメント　ポル　ファボル
Please wait here for a minute.

降車します

目的地に着いたらメーターや領収書で料金を確認して支払いをします。ドアは自動ではないので、降りた後の閉め忘れに注意。

いくらですか？

¿Cuánto es?
クアント　エス ♪
How much is it?

領収書をください。

¿Me hace un recibo?
メ　アセ　ウン　レシーボ ♪
Could I have a receipt?

料金がメーターと違います。

El precio es distinto al que indica el taxímetro.
エル　プレシオ　エス　ディスティント　アル　ケ　インディカ　エル　タクシメトロ
The fare is different from the meter.

スペインのタクシーの活用法＆トラブルについて

タクシーが見つからないとき

タクシー会社に電話するか、食事や買い物をしたお店で呼んでもらいましょう。事前に「FREE NOW」などの配車アプリにも登録しておくと安心です。

チップは？

基本的には不要です。お釣りの小銭や€1コインを渡す程度でOKです。

トラブルを回避するには

目的地までわざと遠回りされたり、メーターの故障と言って法外な金額を請求された場合は、はっきりクレームをつけましょう。走行中メーターの作動を確認する、ホテルなどで料金の目安を聞いておく、支払いに高額紙幣は使わない、必ず領収書をもらって支払い前に確認する、などのクセをつけましょう。

忘れ物にも注意してね！

基本会話

見どころ

グルメ

ショッピング

ビューティ

エンタメ

ホテル

乗りもの

基本情報

単語集

乗りものに乗って移動を　バス autobús アウトブス

地元の人の生活の足でもあるバスに乗ってみましょう。
移動の選択肢も広がり、慣れれば便利に使えます。

スペインのバス事情

市内バスやスペイン全土に細かい路線網を持つ中・長距離バスがあります。市内バスは、地下鉄の通っていない場所もカバーしているので乗りこなせると便利です。

中・長距離バスの乗り方

1)チケットを購入して乗り場へ
バスターミナルの窓口や券売機などで、行き先、出発時間、人数などを指定して購入します。バス会社の公式サイトなどでのオンライン予約も可能です。

2)乗車する
バスターミナルの電光掲示版などで利用するバスの乗り場を確認します。出発時間が近づくと手続きが始まるので、購入したチケットを見せて乗車しましょう。途中の停留所で降車する場合は、運転手さんに目的地を伝えておくと安心です。

グエル公園行きのバスはどこから出ますか？

¿Desde dónde salen los autobuses para el Parc Güell?
デスデ　ドンデ　サレン　ロス　アウトブセス　パラ　エル　パルク　グエル
Where does the bus for Park Guell?　　観光地❿P.32

切符はどこで買えますか？

¿Dónde puedo comprar el billete?
ドンデ　　プエド　　コンプラル　　エル　ビジェテ
Where can I buy the ticket?

車内でも切符は買えますか？

¿Puedo comprar el billete al subirme?
プエド　　コンプラル　　エル　ビジェテ　アル　スビルメ
Can I buy the ticket in the bus?

回数券はありますか？

¿Tiene un bono [una tarjeta]?
ティエネ　　ウン　ボノ［ウナ　タルヘタ］
Do you have a carnet?

このバスは王宮に行きますか？

¿Va al Palacio Real este autobús?
バ　アル　バラシオ　　レアル　エステ　アウトブス
Does this bus go to Royal Palace?　　観光地❿P.32

カサ・ミラへ行くにはどこで降りればいいですか？

Para ir a la Casa Milà, ¿en qué parada tengo que bajar?
パラ　イル　ア　ラ　カサ　ミラ　エン　ケ　バラダ　テンゴ　ケ　バハル
Where should I get off to go to Casa Milà?　　観光地❿P.32

バスの路線図をください。

Quisiera un plano de la línea de autobuses, por favor.
キシエラ　ウン　プラノ　デ　ラ　リネア　デ　アウトブセス　ポル　ファボル
Can I have a bus route map?

基本会話

見どころ

クルメ

ショッピング

ビューティ

エンタメ

ホテル

乗りもの

基本情報

単語集

路線バスの乗り方

1）停留所を探す
停留所の表示で、目的地に行く路線のバス停かを確認します。バスが来たら、前面上部に表示された路線番号と行き先を確認し、手を挙げ乗る意思表示をしましょう。

2）乗車
前のドアから乗車して、車内の刻印機に紙の乗車券を差し込みます。交通系ICカードは読み取り機にタッチ。乗車券はバス車内で購入できる場合もありますが、事前に交通系ICカードにチャージしておくか、駅やタバコ屋などで購入しておくとスムーズ。タッチ決済が利用できるバスもあります。

刻引機。紙の乗車券を差し込む。

3）降車
目的地が近づいたら車内のボタンを押して合図します。降りるバス停がわからない場合は、運転手さんに目的地を伝え、教えてもらいましょう。

無事バスに乗れました〜

ここに行くには何号線に乗ればよいですか？

Para ir hasta aquí, ¿qué línea tengo que coger?
バラ イル **ア**スタ ア**キ** ケ **リ**ネア **テ**ンゴ ケ コ**ヘ**ル
Which line do I have to take to go there?

乗り換えは必要ですか？

¿Hay que hacer transbordo?
アイ ケ ア**セ**ル トランス**ボ**ルド
Do I have to transfer?

どこで乗り換えですか？

¿Dónde tengo que hacer transbordo?
ドンデ **テ**ンゴ ケ ア**セ**ル トランス**ボ**ルド
Where should I transfer?

ちゃんと刻印されないのですが…。

Parece que no se ha validado el billete.
バ**レ**セ ケ ノ セ ア バリ**ダ**ド エル ビ**ジェ**テ
I'm afraid my ticket won't get stamped.

グエル公園に着いたら教えてください。

Por favor, avíseme cuando lleguemos al Parc Güell.
ボル ファ**ボ**ル ア**ビ**セメ ク**ア**ンド ジェ**ゲ**モス アル **パ**ルク グ**エ**ル
Please tell me when we arrive at Park Guell. 観光地 P.32

ここで降ります。

Me bajo aquí.
メ **バ**ホ ア**キ**
I'll get off here.

次は何というバス停ですか？

¿Cuál es la próxima parada?
ク**ア**ル エス ラ プ**ロ**クシマ バ**ラ**ダ
What is the next stop?

帰りの停留所はどこですか？

¿Dónde está la parada de autobús para volver?
ドンデ エス**タ** ラ バ**ラ**ダ デ アウト**ブ**ス バラ ボル**ベ**ル
Where is the bus stop for going back?

通貨と両替 moneda y cambio
モネダ イ カンビオ

旅先で大事なお金のこと。万一に備えて多額の現金を持ち歩くのは避けましょう。
ちょっとした支払いやチップは現金、まとまった支払いはカードで、などの使い分けを。

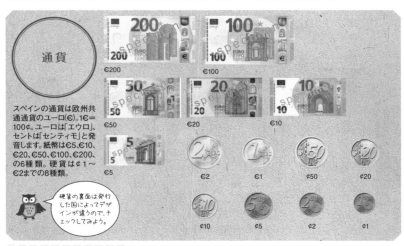

通貨

スペインの通貨は欧州共通通貨のユーロ(€)。1€＝100¢。ユーロは「エウロ」、セントは「センティモ」と発音します。紙幣は€5、€10、€20、€50、€100、€200、の6種類。硬貨は¢1〜€2までの8種類。

硬貨の裏面は発行した国によってデザインが違うので、チェックしてみよう。

日本でユーロの準備を
日本円をユーロに両替する場合、スペインよりも日本で替えたほうがお得になることが多いです。出発前に空港内の銀行で両替する方法が手軽。インターネットで申し込んで宅配で受け取れるサービスもあります。

両替所はどこですか?

¿Dónde está la oficina para cambiar dinero?
ドンデ エスタ ラ オフィシナ パラ カンビアル ディネロ ●
Where is the money exchange?

日本円を 500 ユーロ分両替したいのですが。

Quisiera comprar 500 euros con yenes.
キシエラ コンプラル キニェントス エウロス コン ジェネス
I'd like to buy 500 euros with yen.　　　　数字● P.150

現地で両替するときは?
銀行や両替所、ホテルのフロントなどで両替できますが、パスポートの提示が手軽です。両替後は窓口を離れず、その場で金額をよく確認しましょう。少額紙幣を多めに混ぜてもらうと使いやすいです。

どのようにしましょうか?

¿Cómo los quiere?
コモ ロス キエレ ●
How would you like it?

20 ユーロ札を 10 枚と 50 ユーロ札を 6 枚にしてください。

En diez billetes de 20 euros y seis de 50, por favor.
エン ディエス ビジェテス デ ベンテ エウロス イ セイス デ シンクエンタ ポル ファボル
I'd like ten 20 euro bills and six 50 euro bills.　　　数字● P.150

基本会話

見どころ

グルメ

ショッピング

ビューティ

エンタメ

ホテル

乗りもの

基本情報

単語集

円をユーロに替えてください。

¿Puedo cambiar yenes en euros?
プエド　カンビアル　ジェネス　エン　エウロス🔊
Can you change yen into euro?

ホテルでの両替レートはあまりよくないといわれていますが、24時間対応なので便利。

この紙幣をコインに替えてください。

Por favor, cámbieme este billete en monedas.
ポル　ファボル、カンビエメ　エステ　ビジェテ　エン　モネダス
Please change this bill into coins.

計算を間違っていませんか。

Creo que la cuenta está mal.
クレオ　ケ　ラ　クエンタ　エスタ　マル
I think this is incorrect.

計算書をください。

Deme el recibo, por favor.
デメ　エル　レシボ　ポル　ファボル
Could I have the receipt?

20ユーロ[を10枚]ください。

[10 billetes de] 20 euros, por favor.
ディエス　ビジェテス　デ　ベンテ　エウロス　ポル　ファボル
(Ten) 20 euro, please.　数字➡P.150

無事両替できましたー！

海外の ATM 利用法

VISAやMasterCardなど、国際ブランドのクレジットカードやデビットカードがあれば、提携ATMで現地通貨を引き出せます。出発前に海外利用の可否、限度額、手数料、暗証番号などを確認しておきましょう。

24時間のATMもあって便利ですが、路上にあるATMや夜間の利用は避けた方が安全。

1. カードを挿入する

2.「暗証番号を入力してください」
4桁の暗証番号 (PIN) を入力。

3.「取引内容を選択してください」
「WITHDRAWAL (引き出し)」を選択。

4.「取引口座と金額を入力してください。」
クレジットカードは「CREDIT」、デビットカードは「SAVINGS」を選択。引き出す額は、表示金額から選ぶか入力。

ENTER YOUR PIN NUMBER, THEN PRESS
VALIDATION-
CORRECTION-
ANNULATION-

CHOOSE TRANSACTION
WITHDRAWAL- 引き出し
BALANCE ACCOUNT- 残高照会
TRANSFER- 振り込み
ANNULATION- 中止

ENTER AMOUNT
20.00
FROM CREDIT- キャッシング
FROM CHECKING- 当座預金から
CLEAR FROM SAVINGS- 預金から

手紙や小包を出しましょう

郵便と配送 correo y paquetería
コレオ イ パケテリア

旅の記念に、海外から手紙で旅の報告をしてみましょう。
買い込んだおみやげを送ってしまえば、身軽に旅を続けられます。

郵便局を探しましょう
スペインの郵便局 Correosの
マークは、黄色地に青い王冠
とラッパが目印。営業時間は
場所によって異なりますが、月
～金曜の8：30～14：30が
一般的。土・日曜、祝日はお休
みです。

切手はどこで買えますか？

¿Dónde puedo comprar sellos?
ドンデ　　プエド　　コンプラル　セジョス ◗
Where can I buy some stamps?

郵便局はどこですか？

¿Dónde está la oficina de correos?
ドンデ　　エスタ ラ オフィシナ デ コレオス ◗
Where is the post office?

郵便局では？
窓口に持っていけば、重さを量
った後に料金を教えてくれま
す。切手の購入は郵便局のほ
か、ホテルやキオスク、エスタン
コ(Estanco)と呼ばれるタバ
コ屋でも可能です。「TABA
COS (TABACS)」の看板が目
印です。

これを日本に送りたいのですが。

Quería enviar esto a Japón.
ケリア　　　エンビアル エスト ア ハポン
I'd like to send this to Japan.

何日ぐらいで届きますか？

¿Cuántos días tarda en llegar?
クアントス　　ディアス タルダ エン ジェガル ◗
How long does it take to get there?

スペインのポスト

通常の郵便物は黄色いポストに。赤
は速達用です。

速達にしてください。

Urgente, por favor.
ウルヘンテ　　ボル　ファボル
Can you send it express?

日本までいくらかかりますか？

¿Cuánto cuesta hasta Japón?
クアント　　　クエスタ アスタ　ハポン ◗
How much is the postage to Japan?

航空便だと 50 ユーロ、船便だと 40 ユーロかかります。

Cincuenta euros por avión y quarenta euros por barco.
シンクエンタ エウロス ボル アビオン イ クアレンタ エウロス ボル バルコ
Fifty euros by air, and forty euros by ship.
数字 ◗ P.150

134

国際宅配便

DHLやFedEx、UPSなど複数の会社があります。郵便局のサービスに比べると割高ですが、一般的に配達が早く、日本へ数日で届くことも。オンライン集荷や荷物の追跡、保険などのサービスも利用できます。日系の宅配会社なら、日本語で問い合わせができて気軽です。

無事
送れましたー！

日本に荷物を送りたいのですが。

Quería enviar un paquete a Japón.
ケリア　　　エンビ**ア**ル　ウン　パ**ケ**テ　　　ア ハ**ポ**ン
I'd like to send a package to Japan.

ダンボール箱とテープをもらえますか？

¿Me podría dar una caja y celo?
メ　　ポ**ド**リア　ダル　ウナ　**カ**ハ　イ **セ**ロ 🔊
Could I have a box and a tape?

伝票の書き方を教えてください。

¿Me podría indicar cómo rellenar la factura?
メ　　ポ**ド**リア　インディ**カ**ル　**コ**モ　レジェ**ナ**ル　ラ ファク**ト**ゥラ 🔊
Could you tell me how to write an invoice?

壊れやすい物が入っています。

Contiene objetos frágiles.
コンティ**エ**ネ　オブ**ヘ**トス　フラ**ヒ**レス
I have a fragile item.

宛先の書き方

●はがきや封書の場合

差出名は、日本語でもOK。日本の住所を書いてもよい

切手（郵便局やホテルで買える）

宛名は日本語でOK

朱字で書く（「航空便」の意味）POR AVIÓN

国名は朱字で書く

```
POST CARD
TAKUMI NAKAMURA
Ritz Madrid
Madrid. Spain

            東京都中央区中央1-1-1
            織田雅子様

            JAPÓN
```

お役立ち単語集
WORD

はがき	tarjeta postal タルヘタ ポスタル	切手	sello セジョ	割れ物 注意	atención frágil アテンシオン フラヒル
		封書	carta cerrada カルタ セラダ	取り扱い 注意	manejar con cuidado マネハル コン クイダド
		印刷物	documentos ドクメントス	小包	paquete パケテ

基本会話

見どころ

グルメ

ショッピング

ビューティ

エンタメ

ホテル

乗りもの

基本情報

単語集

電話をかけてみましょう

電話 teléfono
テレフォノ

行きたい所に確実に行くために、レストランなどの予約は事前にしておくことが大切です。
緊急時に電話が使えると便利で心強いので、かけ方をマスターしておきましょう。

電話をかける方法は？
公衆電話はほとんどないので、携帯電話を利用するか、ホテル客室の電話を使いましょう。国際電話もダイヤル直通でかけられます。ただし、通話料にホテルの手数料が加算されて割高になりやすいので注意。

電話をかけます
※国際電話
○ダイヤル直通電話

・一般電話
**(例)東京03-1234-5678
へかける**
ホテルからかけるときは、ホテルの外線番号

　　　　日本の国番号
　　　　↓
●-00-81-3-1234-5678

国際電話　市外局番の
識別番号　最初の0はとる

・携帯電話
**(例)日本090-1234-5678
へかける**
ホテルからかけるときは、ホテルの外線番号

　　　　日本の国番号
　　　　↓
●-00-81-90-1234-5678

国際電話　識別番号の
識別番号　最初の0はとる

※国内電話
スペインの電話番号は、9桁。同じ市内への電話でもすべての番号を押します。

公衆電話はどこにありますか？

¿Dónde hay un teléfono público?
ドンデ　　アイ　ウン　テレフォノ　ププリコ🔊
Where is the pay phone?

もしもし、シェラトンホテルですか？

Hola, ¿es el hotel Sheraton?
オラ　　エス　エル　オテル　シェラトン🔊
Hello. Is this the Sheraton Hotel?

1102号室のミヤケアキコさんをお願いします。

Póngame con la señorita Akiko Miyake, habitación 1102, por favor.
ポンガメ　コン　ラ　セニョリタ　アキコ　ミヤケ　アビタシオン　ミル シェント ドス　ポル　ファボル
May I speak to Ms. Akiko Miyake in room 1102?
数字🔊 P.150

少々お待ちください。

Espere un momento, por favor.
エスペレ　　ウン　モメント　　　ポル　ファボル
Just a moment, please.

伝言をお願いできますか？

¿Puedo dejar un mensaje?
プエド　　デハル　ウン　メンサヘ🔊
Can I leave a message?

また後でかけ直します。

Llamaré más tarde.
ジャマレ　　　マス　　タルデ
I'll call again later.

ナカムラから電話があったと伝えてください。

Dígale que le ha llamado Nakamura.
ディガレ　ケ　レ　ア　ジャマド　ナカムラ
Please tell her that Nakamura called.

日本からスペインへの国際電話のかけ方は？
010 + 34 + 相手の番号

国際電話　スペインの
識別番号　国番号

携帯電話の利用について

日本の携帯やスマホを海外で使う場合は、高請求を避けるため、事前に料金や設定を確認しておきましょう。SIMフリーの機種なら、現地で利用できるプリペイドSIMを購入する方法もあります。

通話アプリの注意点

LINEやFaceTimeなどのアプリを使うと無料で通話できますが、データ通信料はかかります。フリーWiFiや海外パケット定額などを利用しましょう。データローミングなどの設定も確認を。

もっとゆっくり話してもらえますか？

¿Podría hablar más despacio?
ポドリア　アブラル　マス　デスパシオ
Could you speak more slowly?

ごめんなさい、間違えました。

Disculpe, me he equivocado.
ディスクルペ　メ　エ　エキボカド
I'm sorry. I have the wrong number.

携帯電話をレンタルしたいのですが。

Quisiera alquilar un teléfono móvil.
キシエラ　アルキラル　ウン　テレフォノ　モビル
I'd like to rent a cell phone.

テレフォンカードをください。

Una tarjeta de teléfono, por favor.
ウナ　タルヘタ　デ　テレフォノ　ポル　ファボル
A phone card, please.

コレクトコールで日本に電話をかけたいのですが。

Quisiera hacer una llamada a cobro revertido a Japón.
キシエラ　アセル　ウナ　ジャマダ　ア　コブロ　レベルティド　ア　ハポン
I'd like to make a collect call to Japan.

この電話からかけられますか？

¿Puedo llamar desde este teléfono?
プエド　ジャマル　デステ　エステ　テレフォノ
Can I make a call on this phone?

日本語を話せる人はいますか？

¿Hay alguien que hable japonés?
アイ　アルギエン　ケ　アブレ　ハポネス
Is there anyone who speaks Japanese?

無事電話
できましたー！

137

ネットを活用しましょう

インターネット

internet
インテルネト

**現地での情報収集はもちろん、通信手段としても、
旅行先でのインターネット利用は欠かせませんね。**

ネットを利用するには?

●Wi-Fiスポットを活用
空港やホテル、カフェ、観光スポットなど、多くの場所で無料Wi-Fiが利用できます。速度はまちまちで、時間制限があることも。パスワードが不明ならスタッフに聞きましょう。

●海外パケット定額を利用
携帯電話会社の海外パケット定額サービスは、1時間や1日など、好きなタイミングで使えて便利。日本の契約プランのデータ量を使えるものも。申し込みや設定が必要で、格安SIMは対象外のこともあります。

●Wi-Fiルーターを借りる
空港などでもレンタルできる海外用Wi-Fiルーターは、複数台を同時に接続できて便利。ルーターの持ち歩きと充電、受取と返却が必要です。

●プリペイドSIMを購入
データ通信量や期間などが決まっている前払いタイプのSIMカード。カードの入れ替えが不要なSIMが便利。利用には対応機種が必要です。

ホテルに無料の Wi-Fi はありますか?

¿Hay conexión Wi-Fi gratis en el hotel?
アイ　　コネシオン　**ウィフィ** グラティス エン エル オテル🔊
Do you have a free Wi-Fi?

Wi-Fi のパスワードを教えてもらえますか?

¿Me podría decir la contraseña de la red Wi-Fi?
メ　　ポドリア　デシル ラ コントラ**セ**ニャ　　デ ラ レド **ウィフィ**🔊
Can I have the Wi-Fi password?

部屋でインターネットを使うことはできますか?

¿Hay internet en la habitación?
アイ　　インテルネト エン ラ アビタシオン🔊
Can I use the internet in my room?

近くで Wi-Fi を使えるところはありますか?

¿Hay algún lugar con conexión Wi-Fi cerca de aquí?
アイ　　アルグン ルガル　コン コネクシオン　**ウィフィ** セルカ　デ アキ🔊
Where can I find free Wi-Fi around here?

ポケット Wi-Fi の貸出はありますか?

¿Tienen disponible el préstamo de Wi-Fi portátil?
ティエネン　　ディスポニブレ エル プレスタモ　　デ　**ウィフィ** ポルタティル🔊
Can I borrow a pocket Wi-Fi?

無料Wi-Fiはセキュリティに問題があることも。提供元がわからないWi-Fiへの接続や、ID・パスワード、カード情報などの個人情報入力は避けましょう。

138

ネット利用時の注意点

スペインをはじめ、ヨーロッパの多くの国では、2022年からYahoo! JAPANのサービスの一部が利用できなくなっています。よく使う人は事前に内容を確認しておきましょう。

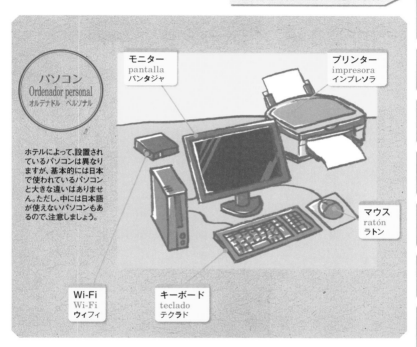

パソコン
Ordenador personal
オルデナドル ペルソナル

ホテルによって、設置されているパソコンは異なりますが、基本的には日本で使われているパソコンと大きな違いはありません。ただし、中には日本語が使えないパソコンもあるので、注意しましょう。

モニター
pantalla
パンタジャ

プリンター
impresora
インプレソラ

マウス
ratón
ラトン

Wi-Fi
Wi-Fi
ウィフィ

キーボード
teclado
テクラド

すぐに使えるトラブルフレーズ

LAN[Wi-Fi]の接続がうまくいきません。見てもらえませんか。
La conexión LAN [Wi-Fi] no funciona bien.
¿Podría arreglarlo?
ラ コネクシオン ラン[ウィフィ] ノ フンシオナ ビエン
ポドリア アッレグラルロ

マウスの調子が悪いです。
El ratón no funciona bien.
エル ラトン ノ フンシオナ ビエン

フリーズしました。
El equipo se ha bloqueado.
エル エキポ セ ア ブロケアド

139

もしものために 緊急・トラブルに備えましょう

いざというときに身を守るために、知っておきたいフレーズを集めました。
重大な事態を回避するためにも、ぜひ目を通しておきましょう。

助けを呼ぶ

助けて！
¡Socorro [Ayuda]!
ソコロ　　[アジュダ]
Help me!

やめて！
¡Basta!
バスタ
Stop it!

一緒に来て！
¡Ven conmigo!
ベン　コンミゴ
Come with me!

聞いて！
¡Escucha!
エスクチャ
Listen!

警察を呼んで！
¡Llame a la policia!
ジャメ　ア　ラ　ポリシア
Call a police!

泥棒！
¡Ladrón!
ラドロン
Thief!

その男 [女] をつかまえて！
¡Cogedlo [Cogedla]!
コヘドロ　　　[コヘドラ]
Catch that man[woman]!

だれか！
¡Alguien!
アルギエン
Somebody!

お金のもちあわせはありません。
No llevo dinero.
ノ　ジェボ　ディネロ
I don't have any money.

これで全部です。
Esto es todo.
エスト　エス　トド
That's all.

殺さないで！
¡No me hagas daño!
ノ　メ　アガス　ダニョ
Don't kill me!

出ていけ！
¡Sal!
サル
Get out!

医者を呼んでください。
Por favor, llámame a un médico.
ポル　ファボル　ジャマメ　ア　ウン　メディコ
Please call a doctor!

140

基本会話

見どころ

グルメ

ショッピング

ビューティ

エンタメ

ホテル

乗りもの

基本情報

単語集

脅迫ことば

動くな！

¡No te muevas!
ノ　テ　ムエバス
Don't move!

止まれ！

¡Alto!
アルト
Stop!

金を出せ！

¡Dame el dinero!
ダメ　エル　ディネロ
Give me the money!

静かにしろ！

¡Cállate!
カジャテ
Be quiet!

手をあげろ！

¡Arriba las manos!
アリバ　ラス　マノス
Hands up!

隠れろ！

¡Quédate oculto!
ケダテ　　　オクルト
Hide!

紛失・盗難

パスポートをなくしました。

He perdido el pasaporte.
エ　ペルディド　エル　パサポルテ
I lost my passport.

ここに電話してください。

Por favor, llame a este teléfono.
ポル　ファボル　ジャメ　ア　エステ　テレフォノ
Call here.

バッグを盗まれました。

Me han robado el bolso.
メ　アン　ロバド　エル　ボルソ
I had my bag stolen.

日本語を話せる人はいますか？

¿Hay alguien que hable japonés?
アイ　アルギエン　ケ　アブレ　ハポネス 🔊
Is there anyone speaks Japanese?

日本大使館はどこですか？

¿Dónde está la embajada de Japón?
ドンデ　エスタ　ラ　エンバハダ　デ　ハポン 🔊
Where is the Japanese Embassy?

緊急・トラブルに備えましょう

盗難・紛失

警察に届けたいのですが。

Quería denunciarlo a la policía.
ケリア　　デヌンシアルロ　　ア　ラ　ポリシア
I'd like to report it to the police.

盗難証明を作ってください。

¿Podría hacerme un certificado del robo?
ポドリア　　アセルメ　　　ウン　セルティフィカド　デル　ロボ🎵
Could you make out a report of the theft?

私の荷物が見つかりません。

No encuentro mi equipaje.
ノ　　エンクェントロ　　ミ　　エキパヘ
I can't find my baggage.

どこに置き忘れたかわかりません。

No recuerdo bien dónde lo dejé.
ノ　　レクエルド　　ビエン　ドンデ　　ロ　デヘー
I'm not sure where I lost it.

あそこの遺失物係へ届け出てください。

Por favor, vaya allí a comunicarlo a objetos perdidos.
ポル　ファボル　バジャ　アジー　ア　コムニカルロ　　ア　オブヘトス　ペルディドス
Please report to lost-and-found over there.

見つかりしだい、ホテルに連絡してください。

Por favor, en cuanto lo encuentren, contacten con mi hotel.
ポル　ファボル　エン　クアント　ロ　エンクェントレン　　コンタクテン　　コン　ミ　オテル
Please call my hotel as soon as you find it.

142

基本会話

見どころ

グルメ

ショッピング

ビューティ

エンタメ

ホテル

乗りもの

基本情報

単語集

どこに届け出ればいいですか？

¿Dónde tendría que comunicarlo?
ドンデ　テンドラ　ケ　コムニカルロ ♪
Where should I report to?

タクシーにバッグを置き忘れました。

Me olvidé un bolso en el taxi.
メ　オルビデー　ウン　ボルソ　エン　エル　タクシィ
I left my bag in the taxi.

ここに置いたスーツケースがなくなりました。

Dejé la maleta aquí y ha desaparecido.
デヘー　ラ　マレタ　アキ　イア　デサパレシド
I left my suitcase here and now it's gone.

お役立ち単語集 WORD

	電話	teléfono テレフォノ	日本 大使館	Embajada de Japón エンバハダ デ ハポン
警察	policía ポリシア	お金	dinero ディネロ	パス ポート	pasaporte パサポルテ
救急車	ambulancia アンブランシア	住所	dirección ディレクシオン	スリ	carterista カルテリスタ
		トラベラーズ チェック	cheques de viaje チェケス デ ビアヘ	保安係	seguridad privada セグリダ プリバダ
紛失	objetos perdidos オブヘトス ペルディドス	クレジット カード	tarjeta de crédito タルヘタ デ クレディト	保険 会社	empresa de seguros エンプレサ デ セグロス

memo

クレジットカード紛失時連絡先

航空会社

ホテル

海外旅行保険

日本語 OK の医療機関

memo

緊急・トラブルに備えましょう

病気・ケガ

気分が悪いです。

Me encuentro mal.
メ　エンクエントロ　マル
I feel sick.

めまいがします。

Estoy mareada.
エストイ　マレアダ
I feel dizzy.

熱があるようです。

Creo que tengo fiebre.
クレオ　ケ　テンゴ　フィエブレ
I think I have a fever.

頭痛がします。

Me duele la cabeza.
メ　ドゥエレ　ラ　カベサ
I have a headache.

吐き気がします。

Tengo náuseas.
テンゴ　ナウセアス
I feel nauseous.

おなかが痛いです。

Me duele el estómago.
メ　ドゥエレ　エル　エストマゴ
I have a stomachache.

ナイフで指を切りました。

Me he cortado el dedo con un cuchillo.
メ　エ　コルタド　エル　デド　コン　ウン　クチジョ
I cut my finger with a knife.

診断書をお願いします。

Quería un certificado médico.
ケリア　ウン　セルティフィカド　メディコ
Can I have a medical certificate?

足首をねんざしました。

Me he torcido el tobillo.
メ　エ　トルシド　エル　トビジョ
I sprained my ankle.

手をやけどしました。

Me he quemado la mano.
メ　エ　ケマド　ラ　マノ
I burned my hand.

歯が痛みます。

Me duelen los dientes.
メ　ドゥエレン　ロス　ディエンテス
I have a toothache.

腕の骨を折ったようです。

Creo que me he roto el brazo.
クレオ　ケ　メ　エ　ロト　エル　ブラソ
I think I broke my arm.

血液型はB型です。

Mi grupo sanguíneo es el B.
ミ　グルポ　サンギネオ　エス エル ベ
My bood type is B.

144

頭	cabeza カベサ	あご	barbilla バルビジャ
こめかみ	sien シエン	首	cuello クエジョ
額	frente フレンテ	のど	garganta ガルガンタ
頬	mejilla メヒジャ		
目	ojo オホ		
耳	oreja オレハ		
鼻	nariz ナリス		
歯	diente/muela ティエンテ/ムエラ		

が痛い。
me duele [____].
メ ドゥエレ
[____] hurts.

肩	hombro オンブロ
胸	pecho ペチョ
腹	barriga バリガ
腕	brazo ブラソ
肘	codo コド
手	mano マノ
手首	muñeca ムニェカ
指	dedo デド
爪	uña ウニャ
背中	espalda エスパルダ
わきの下	sobaco ソバコ
肌	piel ピエル
下腹	bajo vientre バホ ビィエントレ
みぞおち	epigastrio エピガストリオ
へそ	ombligo オンブリゴ
腰	caderas カデラス
尻	culo クロ
陰部	pubis プビス

足	pie ピエ
太もも	muslo ムスロ
ひざ	rodilla ロディジャ
すね	espinilla エスピニジャ
ふくらはぎ	pantorrilla パントリジャ
足首	tobillo トビジョ
つま先	punta del pie プンタ デル ピエ
かかと	talón タロン

お役立ち単語集 WORD

ねんざ	torcedura トルセドゥラ	下痢	diarrea ディアレア	歯痛	dolor de muelas ドロル デ ムエラス
寝不足	falta de sueño ファルタ デ スエニョ	風邪	resfriado レスフリアド	寒気	escalofríos エスカロフリオス
		骨折	fractura フラクトゥラ	切り傷	herida cortante エリダ コルタンテ
		時差ボケ	cansancio debido al desfase horario カンサンシオ デビド アル デスファセ オラリオ		

145

日本を紹介しましょう

旅先で親しくなった外国の人々に、その国の言葉で日本を紹介しましょう。

[ ]	は日本でとても人気がある料理です。
[ ]	es una comida muy popular en Japón.
[ ]	エス ウナ コミダ　ムイ　ポプラル　エン ハポン

スペインに行ったら、もしかして日本のことについても聞かれるかも。そんなとき、少しでも紹介できるとうれしいですよね。まずは食べ物からです。

寿司　sushi　スシ　寿司は酢で味を付けた飯に魚介類の刺身をのせたものです。

El sushi es un plato de pescado y marisco crudo, se sirve sobre bolitas de arroz
エル スシ エス ウン プラト デ ペスカド イ マリスコ クルド セ シルベ ソブレ ボリタス デ アロス
aderezadas con vinagre.
アデレサダス コン ビナグレ

てんぷら　tempura　テンプラ　野菜や魚介類などに、小麦粉を水で溶いて作ったころもをつけて、油で揚げたものです。

Es un plato de verduras, pescados y mariscos, se elabora un rebozado de harina
エス ウン プラト デ ベルドゥラス ペスカドス イ マリスコス セ エラボラ ウン レボサド デ アリナ
de trigo con agua, y se fríe.
デ トリーゴ コン アグア イ セ フリエ

すきやき　sukiyaki　スキヤキ　牛肉の薄切りを豆腐や野菜とともに醤油ベースのタレで煮るものです。

Es un plato de filetes finos de ternera cocinada en salsa de soja con tofu y verduras.
エス ウン プラト デ フィレテス フィノス デ テルネラ コシナダ エン サルサ デ ソハ コン トフ イ ベルドゥラス

おでん　oden　オデン　練り物や野菜などのさまざまな具を、だし汁で煮込んだものです。

Es un caldo de verduras variadas y pasta de pescados cocidos.
エス ウン カルド デ ベルドゥラス バリアダス イ パスタ デ ペスカドス コシドス

焼き鳥　yakitori　ヤキトリ　鶏肉などを串に刺して、タレや塩をまぶしてあぶったものです。

Pinchitos de pollo, y otras carnes, se aderezan con salsa y sal, y se cocinan asados.
ピンチトス デ ポジョ イ オトラス カルネス セ アデレサン コン サルサ イ サル イ セ コシナン アサドス

基本会話

見どころ

グルメ

ショッピング

ビューティ

エンタメ

ホテル

乗りもの

基本情報

単語集

> は日本でとても人気がある観光地です。
>
> es un sitio turístico muy popular en Japón.
>
> エス ウン シティオ トゥリスティコ ムイ ポプラル エン ハポン

Point 日本の地名や観光地は、ほとんど日本語と同じ発音で OK なので紹介しやすいですね。まずは、そこがどんな場所なのかをわかってもらいましょう。

富士山　Fujisan　フジサン　日本で最も高い山で、海抜3776メートルあります。

Es la montaña más alta de Japón, 3776 metros sobre nivel del mar.
エス ラ モンタニャ マス アルタ デ ハポン トレス ミレス セテシエントス セテンタ イ セイス メトロス ソブレ ニベル デル マル

京都　Kioto　キオト　多くの文化遺産、伝統産業を今に伝える日本の歴史的な都市です。

Ciudad muy histórica de Japón, de gran herencia cultural y comercio tradicional.
シウダ ムイ イストリカ デ ハポン デ グラン エレンシア クルトゥラル イ コメルシオ トラディシオナル

秋葉原　Akihabara　アキハバラ　周辺に電気製品やアニメグッズが揃い、多くの外国人観光客も訪れる東京の街です。

Es un barrio de Tokio muy turístico, con muchas
エス ウン バリオ デ トキオ ムイ トゥリスティコ コン ムチャス
tiendas de electrónica y animación.
ティエンダ デ エレクトロニカ イ アニマシオン

大阪　Osaka　オサカ　西日本の経済・文化の中心で、豊かな食文化が魅力です。

Centro cultural y económico del oeste de Japón, tiene una cultura gastronómica
セントロ クルトゥラル イ エコノミコ デル オエステ デ ハポン ティエネ ウナ クルトゥラ ガストロノミカ
excelente y abundante.
エクセレンテ イ アブンダンテ

知床　Shiretoko　シレトコ　北海道の東端にある半島一帯で、2005年に世界自然遺産に登録されました。

Es una isla al este de Hokkaido, desde 2005 es patrimonio
エス ウナ イスラ アル エステ デ ホカイド デスデ ドス ミル シンコ エス パトリモニオ
cultural de la humanidad.
クルトゥラル デ ラ ウマニダ

日本を紹介しましょう

|　　　　　　　　　| は日本の伝統文化です。

|　　　　　　　　　| es una cultura tradicional de Japón.

エス ウナ クルトゥラ トラディシオナル デ ハポン

Point 「伝統文化」を紹介するのはちょっと苦労するかもしれません。ジェスチャーもまじえて相手に伝えてみるのもいいでしょう。

歌舞伎 kabuki カブキ　江戸時代から続く、日本の伝統芸能です。男性役も女性役も男優が演じるのが特徴です。

Es un arte tradicional de Edo. Se caracteriza porque los papeles de ambos
エス ウン アルテ トラディシオナル デ エド　セ カラクテリサ ポルケ ロス パペレス デ アンボス
sexos son representados por actores masculinos.
セクソス ソン レプレセンタドス ポル アクトレス マスクリノス

相撲 sumo スモ　土俵上で2人の力士が競い合う、日本の伝統的なスポーツです。

Competición tradicional de Japón, dos luchadores se enfrentan en un
コンペティシオン トラディシオナル デ ハポン ドス ルチャドレス セ エンフレンタン エン ウン
área circular.
アレア シルクラル

茶道 ceremonia del té セレモニア デル テ　伝統的な様式にのっとり、抹茶をふるまう行為のことです。

Es el conjunto de modales de servir el té de acuerdo con el ceremonial tradicional.
エス エル コンフント デ モダレス　デ セルビル エル テ デ アクエルド コン エル セレモニア　トラディシオナル

俳句 haiku ハイク　五・七・五の十七音から成る日本独自の詩で、季節を表す「季語」を使い心情を表現します。

Es un poema característico de Japón, de 17 sílabas, en tres versos de 5, 7, 5 sílabas cada
エス ウン ポエマ カラクテリスティコ デ ハポン デ ディエシシエテ シラバス エン トレス ベルソス デ シンコ シエテ シンコ シラバス カダ
uno. Expresa los sentimientos usando palabras clave que aluden a las cuatro estaciones.
ウノ　エクスプレサ ロス センティメントス　ウサンド パラブラス クラベ ケ アルデン ア ラス クアトロ エスタシオネス

落語 rakugo ラクゴ　寄席と呼ばれる演芸場などで行われる、日常を滑稽な話として語る伝統的な話芸です。

Es un arte tradicional de narrar, historias humorísticas de la vida cotidiana,
エス ウン アルテ トラディシオナル デ ナラル イストリアス ウモリスティカス デ ラ ビダ コティディアナ
se realiza en un teatro de variedades.
セ レアリサ エン ウン テアトロ デ バリエダデス

日本の人口は約1億2千万人です。	La población de Japón es de 120 millones de habitantes. ラ ポブラシオン デ ハポン エス デ シエントベンテ ミリオネス デ アビタンテス The population of Japan is about 120 million. 数字◎P.150
日本の首都は東京です。	La capital de Japón es Tokio. ラ カピタル デ ハポン エス トキオ The capital of Japan is Tokyo.
夏になると台風が増えます。	En la estación de verano aumentan los tifones. エン ラ エスタシオン デ ベラノ アウメンタン ロス ティフォネス There are many storms in summer. 季節◎P.151
日本は地震が多いです。	En Japón hay muchos terremotos. エン ハポン アイ ムチョス テレモトス We have many earthquakes in Japan.
日本は少子化が進んでいます。	En Japón la tasa de crecimientos está descendiendo. エン ハポン ラ タサ デ クレシミエントス エスタ デスシェンディエンド Birthrate is dropping in Japan.
渡辺謙は日本の有名な俳優です。	Ken Watanabe es un famoso actor japonés. ケン ワタナベ エス ウン ファモソ アクトル ハポネス Ken Watanabe is a famous Japanese actor.
綾瀬はるかは日本の有名な女優です。	Haruka Ayase es una famosa actriz japonesa. ハルカ アヤセ エス ウナ ファモサ アクトリス ハポネサ Haruka Ayase is a famous Japanese actress.
日本では女子サッカーも人気があります。	El fútbol femenino es muy popular en Japón. エル フットボル フェミニノ エス ムイ ポプラル エン ハポン Female soccer is popular in Japan.
日本にはたくさんの温泉があります。	En Japón hay muchos baños termales. エン ハポン アイ ムチョス バニョス テルマレス There are many hot springs in Japan.
日本の面積はスペインの約3分の2です。	La superficie de Japón equivale a 2/3 de España. ラ スペルフィシエ デ ハポン エキバレ ア ドス テルシオス デ エスパーニャ Japan is about two thirds as large as Spain.
東京スカイツリー®は東京で人気のある観光地です。	El rascacielos Skytree de Tokio es un lugar muy popular. エル ラスカシエロス スカイツリー デ トウキョウ エス ウン ルガル ムイ ポプラル Tokyo Skytree is a popular place in Tokyo.
日本の夏は蒸し暑いです。	El verano en Japón es muy húmedo y caliente. エル ベラノ エン ハポン エス ムイ ウメド イ カリエンテ It is hot and humid in summer in Japan. 季節◎P.151

基本単語を使いこなしましょう

数字、月、曜日や時間は、どんなときでも必要な基本的な単語です。
事前に覚えておくと旅行先でとても便利ですよ。

数字

0	1	2	3	4
cero	uno	dos	tres	cuatro
セロ	ウノ	ドス	トレス	クアトロ
5	6	7	8	9
cinco	seis	siete	ocho	nueve
シンコ	セイス	シエテ	オチョ	ヌエベ
10	11	12	13	14
diez	once	doce	trece	catorce
ディエス	オンセ	ドセ	トレセ	カトロセ
15	16	17	18	19
quince	dieciséis	diecisiete	dieciocho	diecinueve
キンセ	ディエシセイス	ディエシシエテ	ディエシオチョ	ディエシヌエベ
20	21	22	30	40
veinte	veintiuno	veintidós	treinta	cuarenta
ベンテ	ベンティウノ	ベンティドス	トレンタ	クアレンタ
50	60	70	77	80
cincuenta	sesenta	setenta	setenta y siete	ochenta
シンクエンタ	セセンタ	セテンタ	セテンタ イ シエテ	オチェンタ
88	90	100	1000	10000
ochenta y ocho	noventa	cien	mil	diez mil
オチェンタ イ オチョ	ノベンタ	シェン	ミル	ディエス ミル
10万	100万	2倍	3倍	
cien mil	un millón	doble	triple	
シェン ミル	ウン ミジョン	ドブレ	トリプレ	
1番目の	2番目の		3番目の	
primero	segundo		tercero	
プリメロ	セグンド		テルセロ	

何度も使って
覚えましょう。

スペイン語　数字のきほん

◆ 数字の「1」はunoですが、「1つの〜」のとき,男性名詞の前ではun（ウン）,女性名詞の前ではuna（ウナ）が使われます。
◆ 31以降の2けたの数は十の位と一の位を接続詞yでつなげた形になります。
◆ 「100」はcienですが,後に数が続くときはciento（シエント）になります。
◆ けたの区切りは<,>でなく<.>で表すので「千」は「1.000」となります。

月・季節

1月	2月	3月	4月
enero	febrero	marzo	abril
エネロ	フェブレロ	マルソ	アブリル
5月	6月	7月	8月
mayo	junio	julio	agosto
マジョ	フニオ	フリオ	アゴスト
9月	10月	11月	12月
septiembre	octubre	noviembre	diciembre
セプティエンブレ	オクトゥブレ	ノビエンブレ	ディシエンブレ
春	夏	秋	冬
primavera	verano	otoño	invierno
プリマベラ	ベラノ	オトニョ	インビエルノ

日本には2月9日に帰ります。

Vuelvo a Japón el nueve de febrero.
ブエルボ　ア　ハポン　エル　ヌエベ　デ　フェブレロ
I'm going back to Japan on February 9 th.

- -

曜日

日	月	火	水	木	金	土
domingo	lunes	martes	miércoles	jueves	viernes	sábado
ドミンゴ	ルネス	マルテス	ミエルコレス	フエベス	ビエルネス	サバド

平日		休日		祝日		
día laborable		día festivo		fiesta nacional		
ディア　ラボラブレ		ディア　フェスティボ		フィエスタ　ナショナル		

今日［明日／昨日］は何曜日ですか？

¿Qué día es hoy [es mañana ／ era ayer]?
ケ　ディア　エス　オイ　[エス　マニャナ　／エラ　アジェル]🔊
What day is today[is tomorrow ／ was yesterday]?

今日［明日／昨日］は月曜日です。

Hoy es [Mañana es ／ Ayer era] lunes.
オイ　エス　[マニャナ　エス　／　アジェル　エラ]　ルネス
Today is[Tomorrow is ／ Yesterday was] Monday.

基本単語を使いこなしましょう

時

朝	昼	夕	夜	午前
mañana	mediodía	tarde	noche	mañana
マニャナ	メディオディア	タルデ	ノチェ	マニャナ

午後	昨日	今日	明日	あさって
tarde	ayer	hoy	mañana	pasado mañana
タルデ	アジェル	オイ	マニャナ	パサド マニャナ

1日前	2日後	3番目の	1時間
un día antes	dos días después	el tercero	una hora
ウン ディア アンテス	ドス ディアス デスプエス	エル テルセロ	ウナ オラ

時刻

時	分	時半	前[後]
hora	minuto	media hora	menos, antes ／ después
オラ	ミヌト	メディア オラ	メノス アンテス／デスプエス

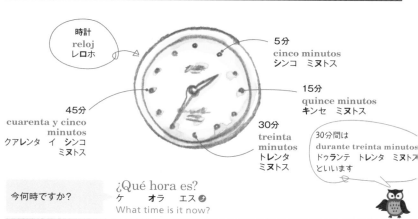

時計
reloj
レロホ

5分
cinco minutos
シンコ ミヌトス

15分
quince minutos
キンセ ミヌトス

45分
cuarenta y cinco
minutos
クアレンタ イ シンコ
ミヌトス

30分
treinta
minutos
トレンタ
ミヌトス

30分間は
durante treinta minutos
ドゥランテ トレンタ ミヌトス
といいます

今何時ですか?	¿Qué hora es? ケ オラ エス What time is it now?
何時から始まりますか?	¿A qué hora empieza? ア ケ オラ エンピエサ What time does it start?

152

基本会話

見どころ

グルメ

ショッピング

ビューティ

エンタメ

ホテル

乗りもの

基本情報

単語集

8時20分	a las ocho y veinte ア ラス **オ**チョ イ ベンテ eight twenty		昨日の11時	ayer a las once アジェル ア ラス **オ**ンセ yesterday at eleven
9時半	nueve y treinta [media] ヌエベ イ トレンタ[メディア] nine thirty		10時5分前	diez menos cinco ディ**エ**ス メノス **シ**ンコ five to ten
午前11時	once de la mañana **オ**ンセ デ ラ マ**ニ**ャナ eleven a.m.		15分後	quince minutos después **キ**ンセ ミ**ヌ**トス デスプ**エ**ス fifteen minutes later

計量の単位のちがい

●長さ

メートル	インチ	フィート	ヤード	マイル
1	39.37	3.28	1.094	0.00062
0.025	1	0.083	0.028	0.0000158
0.305	12	1	0.333	0.000189
0.914	36	3	1	0.00057
1609.3	63360	5280	1760	1

●重さ

グラム	キログラム	オンス	ポンド
1	0.001	0.035	0.002
1000	1	35.274	2.205
28.3495	0.028	1	0.0625
453.59	0.453	16	1

●体積

cc	リットル	クオート	米ガロン
1	0.001	0.0011	0.00026
1000	1	1.056	0.264
946.36	0.946	1	0.25
3785.4	3.785	4	1

●速さ

キロ	マイル	ノット	キロ	マイル	ノット
10	6.2	5.4	60	37.3	32.4
20	12.4	10.8	70	43.5	37.8
30	18.6	16.2	80	49.7	43.2
40	24.9	21.6	90	55.9	48.6
50	31.1	27.0	100	62.1	54.0

さくっと スペイン語講座

スペイン語は原則英語同様の語順で、しかもアルファベットをそのまま発音すればだいたい意味が通じるため、日本人には取り組み易い言語です。名詞や形容詞に性があったり、動詞を活用したりと複雑な側面もありますが、実際の観光旅行では細かい文法を駆使してコミュニケーションをとる必要はありません。必要なのは、カタコトでもいいので、相手に自分の意思を伝えようとする気持ちと、ちょっとした度胸なのです。

1. スペイン語のアルファベット

●スペイン語で用いられるアルファベットは下記の通りです。それぞれ大文字と小文字があります。

Aa [ア]　Bb [ベ]　Cc [セ]　Dd [デ]　Ee [エ]　Ff [エフェ]　Gg [ヘ]　Hh [アチェ]

Ii [イ]　Jj [ホタ]　Kk [カ]　Ll [エレ]　Mm [エメ]　Nn [エネ]　Ññ [エニェ]

Oo [オ]　Pp [ペ]　Qq [ク]　Rr [エレ]　Ss [エセ]　Tt [テ]　Uu [ウ]

Vv [ウベ]　Ww [ウベ・ドブレ]　Xx [エキス]　Yy [イェ／ジェ]　Zz [セタ]

※以前は上記のほかに ch（チェ）と ll（エジェ）という文字も使われていましたが、最近は1文字ではなく2文字として扱われています。

※以前はYは「イ・グリエガ」（ギリシア語のイ）といいましたが、2010年に「イェ／ジェ」という読み方に変わりました。

2. 会話のスタートは「疑問詞」です

誰かに何かを尋ねたいときに便利な疑問詞を覚えましょう。

何か	qué ケ	こうやって使います	**これは何ですか？** 例 ¿Qué es esto? ケ エス エスト♪
だれか	quién キエン		**あの人はだれですか？** 例 ¿Quién es esa persona? キエン エス エサ ペルソナ♪
なぜか	por qué ポル ケ		**それはなぜですか？** 例 ¿Por qué? ポル ケ♪
どこか	dónde ドンデ		**トイレはどこですか？** 例 ¿Dónde está el servicio? ドンデ エスタ エル セルビシオ♪
どのくらい	cuánto クアント		**いくらですか？** 例 ¿Cuánto es? クアント エス♪
いつか	cuándo クアンド		**いつ出発ですか？** 例 ¿Cuándo sale? クアンド サレ♪

3. 3つの基本の文を覚えましょう

肯定文、疑問文、否定文の基本の文をマスターすれば、基本的な会話をすることができます。

1. ～です

語順の基本は英語と同じです

主語（「私は」、「あなたは」など）＋動詞（「～します」）＋目的語など（「～を」）という語順が基本です。

例 Usted habla inglés.（あなたは英語を話します。）
ウステ アブラ イングレス

Soy japonésa.（私は日本人です。）
ソイ ハポネサ
→ スペイン語ではしばしば主語が省略されます。

2. ～ですか

作り方は2つあります

①「そのまま語尾を上げて発音する」、②「疑問詞＋動詞＋主語＋目的語など～?」の2通りの言い方があります。

例 ①¿Usted habla japonés?（あなたは日本語を話しますか？）
ウステ アブラ ハポネス🔊

②¿Qué es esto?（これは何ですか？）
ケ エス エスト🔊

3. ～では ありません

否定文は①「no を動詞の前に置く」場合と、②「no 以外の否定語を使う」場合があります。

例 ①No hablo español.（私はスペイン語が話せません。）
ノ アブロ エスパニョル

②No lo sabe nadie.（誰もそのことを知りません。[no と否定語の併用]）
ノ ロ サベ ナディエ

Nadie lo sabe.（誰もそのことを知りません。[no の省略]）
ナディエ ロ サベ

4. アレンジして話してみましょう

伝えたい内容のニュアンスを表現したり、意味を付け加えたりして、会話にアクセントをつけてみましょう。

¿Puedo...?
プエド
～してもいいですか？

例 ¿Puedo fumar aquí?（ここでタバコを吸ってもいいですか？）
プエド フマル アキ🔊

¿Podría....?
ポドリア
～していただけますか？

例 ¿Podría repetirlo una vez más?（もう一度言っていただけますか？）
ポドリア レペティルロ ウナ ベス マス🔊

ワンポイント 主語と動詞の関係をさらっとマスター

あまり難しく考えず、主語が変われば動詞も変化するんだな、ぐらいの認識で。

● **人称代名詞**

人称代名詞は「人」に使い、英語と同様1～3人称にそれぞれ単数と複数があります。また、3人称には中性形がある。

● **主語の人称代名詞は省略**

スペイン語では、主語の人称代名詞は3人称の usted、ustedes 以外は省略されるのが普通。

● 表のように主語によって動詞の形が変化します。ser は英語の be 動詞（～である）にあたる動詞で、性質など変化しない状態を表します。

主語	動詞：ser（原形）
yo/ヨ（私は）	soy/ソイ
tu/トゥ（君は）	eres/エレス
él/エル（彼は）	
ella/エリャ（彼女は）	es/エス
usted/ウステ（あなたは）	
nosotros/ノソトゥロス（私たちは）	somos/ソモス
vosotros/ボソトゥロス（君たちは）	sois/ソイス
ellos[ellas]/エリョス［エリャス］（彼ら[彼女ら]は）	son/ソン
ustedes/ウステデス（あなたたちは）	

単語集（和西）

Japanese ——→ Spanish

あ	
アーケード	galería ガレリア
アーモンド	almendra アルメンドラ
愛	amor アモル
合鍵	duplicado de llave ドゥプリカド デ ジャベ
あいさつ	saludo サルド
アイスクリーム	helado エラド
アイスホッケー	hockey sobre hielo ホケイ ソブレ イエロ
相手	compañero コンパニェロ
空いている	disponible ディスポニブレ
あいにく	desgraciadamente デスグラシアダメンテ
相部屋	habitación compartida アビタシオン コンパルティダ
合間	intervalo インテルバロ
アイロン	plancha プランチャ
アイロンをかける	planchar プランチャル
会う	encontrarse エンコントラルセ
合う	corresponder コレスポンデル

アウトレット	outlet アウトレット
青い	azul アスル
青信号	semáforo en verde セマフォロ エン ベルデ
赤い	rojo ロホ
明かり	luz ルス
明るい	luminoso ルミノソ
赤ん坊	bebé ベベ
空き	libre リブレ
秋	otoño オトニョ
空き部屋	habitación disponible アビタシオン ディスポニブレ
握手	estrechar la mano エストレチャル ラ マノ
アクセサリー	accesorios アクセソリオス
アクセル	acelerador アセレラドル
揚げた	frito フリト
開ける	abrir アブリル
あご	barbilla バルビジャ
朝	mañana マニャナ

麻	lino リノ
明後日	pasado mañana パサド マニャナ
足	pies ピエス
味	sabor サボル
足首	tobillo トビジョ
明日	mañana マニアナ
明日の午後	mañana por la tarde マニャナ ポル ラ タルデ
明日の晩	mañana por la noche マニャナ ポル ラ ノチェ
明日の夕方	mañana al atardecer マニャナ アル アタルデセル
足元灯	paso alumbrado パソ アルンブラド
味をつけた	con sabor コン サボル
預かる	guardar en depósito グアルダル エン デポシト
預け入れ手荷物引換証	resguardo de consigna レスグアルド デ コンシグナ
預け入れ荷物	maletas en consigna マレタス エン コンシグナ

アスピリン	aspirina	アスピリナ
汗	sudor	スドル
遊ぶ	jugar	フガル
暖かい	templado	テンプラド
アダプター	adaptador	アダプタドル
頭	cabeza	カベサ
頭金	depósito	デポシト
新しい	nuevo	ヌエボ
あちら (向こう)側	en el otro lado	エン エル オトロ ラド
暑い	caluroso	カルロソ
熱い	caliente	カリエンテ
扱う	manejar	マネハル
宛先	destinatario	デスティナタリオ
穴	agujero	アグヘロ
アナウンス	locutor	ロクトル
アニメ	anime／animación	アニメ／アニマシオン
アパート	piso	ピソ
アヒル	pato	パト
アフターサービス	servicio adicional	セルビシオ アディシオナル

油	aceite	アセイテ
油絵	óleo	オレオ
あぶり焼きにした	asado	アサド
甘い	dulce	ドゥルセ
あまり (それほど)	bastante (no tanto)	バスタンテ(ノ タント)
あまり高くない	no muy caro	ノ ムイ カロ
網	red	レド
あめ	caramelo	カラメロ
雨	lluvia	ジュビア
怪しい	sospechoso	ソスペチョソ
洗う	lavar	ラバル
嵐	tormenta	トルメンタ
歩く	andar	アンダル
アルコール	alcohol	アルコル
アルコール類	licor	リコル
アルバイト	trabajo temporal	トラバホ テンポラル
アルバム	álbum	アルブム
アレルギー	alergia	アレルヒア
アレルギーの	alérgico	アレルヒコ
暗証番号	número secreto	ヌメロ セクレト

安全	seguridad	セグリダ
安全な	seguro	セグロ
安全ピン	pin de seguridad	ピン デ セグリダ
安全ベルト	cinturón de seguridad	シントゥロン デ セグリダ
アンティークの	antiguo	アンティグォ
案内	información	インフォルマシオン
案内所	oficina de información	オフィシナ デ インフォルマシオン
案内人	encargado de información	エンカルガド デ インフォルマシオン

い

胃	estómago	エストマゴ
言い訳	disculpa	ディスクルパ
言う	decir	デシル
家	casa	カサ
イカ	calamar	カラマル
医学	medicina	メディシナ
息	respiración	レスピラシオン
～行き	destino a...	デスティノ ア
行き先	destino	デスティノ

157

行き止まり	sin salida シン サリダ		委託する	encargar エンカルガル		一緒に	juntos フントス
生き物	animales アニマレス		痛み	dolor ドロル		炒った	frito フリト
息を吸う	respirar レスピラル		痛む	doler ドレル		一対	un par ウン バル
池	estanque エスタンケ		位置	lugar ルガル		いつでも	a cualquier hora ア クアリキエル オラ
胃けいれん	convulsión estomacal コンブルシオン エストマカル		一時預かり所	consigna temporal コンシグナ テンポラル		1等	primera clase プリメラ クラセ
意見	opinión オピニオン		一時停止	parada temporal パラダ テンポラル		1杯	un vaso ウン バソ
囲碁	juego del go フエゴ デル ゴ		1日	un día ウン ディア		一般的な	general ヘネラル
居酒屋	bar バル		1日券	bono diario ボノ ディアリオ		一品料理	a la carta ア ラ カルタ
意識が無い	inconsciente インコスシェンテ		1日の	diario ディアリオ		一方通行	dirección única ディレクシオン ウニカ
遺失物取扱所	oficina de objetos perdidos オフィシナ デ オブヘトス ベルディドス		市場	mercado メルカド		いつも	siempre シィエンプレ
医者	médico / doctor メディコ／ドクトル		1枚	un ／ una ウン ／ウナ		糸	hilo イロ
衣装	ropa ロパ		1ユーロ硬貨	moneda de un euro モネダ デ ウン エウロ		いとこ	primo ／ prima プリモ／プリマ
異常な	extraordinario エクストラオルディナリオ		胃腸薬	medicina para estómago メディシナ パラ エストマゴ		田舎	campo カンポ
いす	silla シジャ		いつ	cuándo クアンド		犬	perro ペロ
遺跡	restos arqueológicos レストス アルケオロヒコス		胃痛	dolor de estómago ドロル デ エストマゴ		命	vida ビダ
忙しい	ocupado オクパド		1階	planta baja プランタ バハ		今	ahora アオラ
急ぐ	darse prisa ダルセ プリサ		1階席「劇場」	patio de butacas パティオ デ ブタカス		イヤホン	auriculares アウリクラレス
板	tablero タブレロ		1個	un ウン		イヤリング	pendientes ペンディエンテス
			一式	un juego ウン フエゴ		入口	entrada エントラダ
						いり卵(スクランブルエッグ)	huevos revueltos ウエボス レブエルトス

基本会話

見どころ

グルメ

ショッピング

ビューティ

エンタメ

ホテル

乗りもの

基本情報

単語集

衣料品	ropa ロパ		ウエスト	cintura シントゥラ		宇宙	universo ウニベルソ
色	color コロル		上の	arriba / encima de アリバ／エンシマ デ		美しい	bonito ボニト
岩	roca ロカ		上の階	piso de arriba ピソ デ アリバ		腕時計	reloj de pulsera レロホ プルセラ
イワシ	sardina サルディナ		ウォッカ	vodka ボドゥカ		馬	caballo カバジョ
インク	tinta ティンタ		浮き袋	flotador / salvavidas フロタドル／サルバビダス		うまい (美味)	delicioso / muy bueno デリシオソ／ムイ ブエノ
印刷物	impresos インプレソス						
印象	impresión インプレシオン		受け入れる	recibir レシビル		海	mar マル
飲食代	precio de comida y bebida プレシオ デ コミダ イ ベビダ		受付	recepción レセプシオン		海側の	al lado del mar アル ラド デル マル
			受取人	destinatario デスティナタリオ		売り切れ	agotado アゴタド
インスタント食品	comida instantanea コミダ インスタンタネア		受け取る	recibir レシビル		うるさい	ruidoso ルイドソ
インターネット	internet インテルネト		ウサギ	conejo コネホ		うれしい	alegre アレグレ
インフルエンザ	gripe グリペ		失う	perder ペルデル		上着	chaqueta チャケッタ
う			後ろ	detrás デトラス		運河	canal カナル
ウイスキー	whisky ウイスキ		薄い	fino フィノ		運賃	tarifa タリファ
ウインカー	intermitente インテルミテンテ		薄い色	color claro コロル クラロ		運転手	conductor コンドゥクトル
ウール	lana ラナ		薄切りにした	cortado fino コルタド フィノ		運転免許証	carné de conducir カルネ デ コンドゥシル
上	arriba アリバ		右折	girar a la derecha ヒラル ア ラ デレチャ		運動	deporte デポルテ
上(上の階)	de arriba デ アリバ		うそ	mentira メンティラ		運動靴	zapatillas de deporte サパティジャス デ デポルテ
ウエイター	camarero カマレロ		歌	canción カンシオン		**え**	
ウエイトレス	camarera カマレラ		歌う	cantar カンタル		絵	cuadro クアドロ

エアコン	aire acondicionado アイレ アコンディシオナド
エアコン付き	con aire acondicionado コン アイレ アコンディシオナド
映画	cine／película シネ／ペリクラ
映画館	cine シネ
営業時間	horario laboral オラリオ ラボラル
営業中	abierto アビィエルト
英語	inglés イングレス
衛星	satélite サテリテ
映像	imagen イマヘン
衛兵	guardia グアルディア
栄養	alimentación アリメンタシオン
描く	dibujar ディブハル
駅	estación エスタシオン
駅員	encargado de estación エンカルガド デ エスタシオン
エキストラベッド	cama extra カマ エクストラ
駅で	en la estación エン ラ エスタシオン
エコノミークラス	clase turista クラセ トゥリスタ
エコノミークラスの席	asiento de clase turista アシェント デ クラセ トゥリスタ
エスカレーター	escalera mecánica エスカレラ メカニカ
エステ	salón de belleza サロン デ ベジェサ
絵はがき	tarjeta postal タルヘタ ポスタル
エビ	gamba ガンバ
絵本	libro ilustrado リブロ イルストラド
選ぶ	elegir エレヒル
えり	cuello クエジョ
エレベーター	ascensor アスセンソル
炎症	inflamación インフラマシオン
エンジン	motor モトル
演奏会	concierto コンシェルト
延長	extensión エクステンシオン
エンドースメント[乗機変更承認]	endosar エンドサル
煙突	chimenea チメネア
鉛筆	lápiz ラピス

お

甥	sobrino ソブリノ
おいしい	delicioso／muy rico デリシオソ／ムイ リコ
置いていく／置いてくる	dejar en un lugar デハル エン ウン ルガル
オイル	aceite アセイテ
応急処置	botiquín emergencia ボティキン エメルヘンシア
横断歩道	paso de cebra パソ デ セブラ
嘔吐	vómito ボミト
嘔吐袋	bolsa para vómito ボルサ パラ ボミト
往復	ida y vuelta イダ イ ブエルタ
往復切符	billete de ida y vuelta ビジェテ デ イダ イ ブエルタ
大型車	coche grande コチェ グランデ
大きい	grande グランデ
大きさ	talla タジャ
大きな	grande グランデ
オーケストラ	orquesta オルケスタ
大道具	decorado デコラド
大通り	avenida アベニダ
オートマティック車	coche automático コチェ アウトマティコ
オートロック	cierre automático シエレ アウトマティコ
丘	colina コリナ
お金	dinero ディネロ
お粥	arroz cocido アロス コシド

置き時計	reloj de mesa レロホ デ メサ	大人	adulto アドゥルト	オリーブオイル	aceite de oliva アセイテ デ オリバ
起きる	levantar レバンタル	踊り／踊る	baile／bailar バイレ／バイラル	折り返し	devolver デボルベル
奥	fondo フォンド	驚く	sorprenderse ソルプレンデルセ	折り返し電話する	devolver la llamada デボルベル ラ ジャマダ
屋上	azotea アソテア	同じ	igual イグアル	オリジナルギフト	regalo original レガロ オリヒナル
送り迎え	llevar y traer ジェバル イ トラエル	おばあさん	abuela アブエラ	降りる	bajar バハル
贈り物	regalo レガロ	おばさん	tía ティア	オリンピック	olímpico オリンピコ
送る	enviar エンビアル	オペラ	ópera オペラ	オルゴール	caja de música カハ デ ムシカ
遅れる	retrasar レトラサル	覚えている	recuerdo レクエルド	オレンジ	naranja ナランハ
怒った	enfadado エンファダド	覚える	recordar レコルダル	終わる	terminar テルミナル
おじいさん	abuelo アブエロ	おみやげ	souvenir スベニル	音楽	música ムシカ
おじさん	tío ティオ	おみやげ店	tienda de souvenirs ティエンダ デ スベニルス	温泉	baño termal バニョ テルマル
押す	empujar エンプハル	重い	pesado ペサド	温度	temperatura テンペラトゥラ
お宅	domicilio ドミシリオ	思い出	recuerdo レクエルド	温度計	termómetro テルモメトロ
落ちる	caer カエル	重さ	peso ペソ	女／女の	mujer／de mujer ムヘル／デ ムヘル
夫	marido マリド	おもちゃ	juguete フゲテ	女の子	chica チカ
おつり	cambio カンビオ	おもちゃ店	juguetería フゲテリア	か	
音	sonido ソニド	親	padres パドレス		
男	hombre オンブレ	親指	pulgar プルガル	蚊	mosquito モスキト
男の子	chico チコ	お湯	agua caliente アグア カリエンテ	ガーゼ	gasa ガサ
おととい	anteayer アンテアジェル	泳ぐ	nadar ナダル	カーテン	cortina コルティーナ

日本語	Español	カナ		日本語	Español	カナ		日本語	Español	カナ
カート	carrito	カリト		階段	escaleras	エスカレラス		化学	química	キミカ
カーペット	alfombra	アルフォンブラ		懐中電灯	linterna	リンテルナ		科学	ciencia	シェンシア
貝	marisco	マリスコ		快適な	cómodo	コモド		鏡	espejo	エスペホ
会員証	carné de socio	カルネ デ ソシオ		開店時間	horario comercial	オラリオ コメルシアル		係員	encargado	エンカルガド
絵画	cuadro	クアドロ		ガイド付きツアー	turismo con guía	トゥリスモ コン ギア		かかる	costar	コスタル
外貨	moneda extranjera	モネダ エクストランヘラ		ガイドブック	guía	ギア		鍵	llave	ジャベ
海外旅行	viaje al extranjero	ビアヘ アル エクストランヘロ		ガイド料	precio de guía	プレシオ デ ギア		書留	carta certificada	カルタ セルティフィカダ
外貨交換証明書	certificado cambio divisas	セルティフィカド カンビオ ディビサス		買い物	compras	コンプラス		書きとめる	tomar nota	トマル ノタ
海岸	costa	コスタ		街路	avenida	アベニダ		書く	escribir	エスクリビル
開館時間	horario de apertura	オラリオ デ アペルトゥラ		会話	conversación	コンベルサシオン		家具	muebles	ムエブレス
会議	reunión	レウニオン		買う	comprar	コンプラル		学生	estudiante	エストゥディアンテ
海峡	estrecho	エストレチョ		カウンター	barra	バラ		学生証	carné de estudiante	カルネ デ エストゥディアンテ
会計	cuenta	クエンタ		カエル	rana	ラナ		拡大する	expander	エクスパンデル
外国人	extranjero	エクストランヘロ		帰る	volver	ボルベル		カクテル	cocktail	コクテイル
改札口	tornos de acceso	トルノス デ アクセソ		変える	cambiar	カンビアル		家具店	tienda de muebles	ティエンダ デ ムエブレス
会社員	empleado	エンプレアド		顔	cara	カラ		確認	confirmación	コンフィルマシオン
海水浴	bañarse en el mar	バニャルセ エン エル マル		顔のお手入れ	cuidad facial	クイダド ファシアル		確認する	confirmar	コンフィルマル
回数券	bono	ボノ		香り	aroma	アロマ		掛け金	reserva	レセルバ
				画家	pintor	ピントル		賭ける	apostar	アポスタル
				価格	precio	プレシオ				

かご	cesta セスタ	ガソリン	gasolina ガソリナ	カバーチャージ	precio del cubierto プレシオ デル クビエルト
傘	paraguas パラグアス	ガソリンスタンド	gasolinera ガソリネラ	かばん	bolso ボルソ
火山	volcán ボルカン	ガソリンポンプ	surtido de gasolina スルティド デ ガソリナ	花瓶	jarrón ハロン
菓子	dulce ドゥルセ	固い	duro ドゥロ	カフェ	café カフェ
火事	incendio インセンディオ	形	forma フォルマ	カフェオレ	café con leche カフェ コン レチェ
カジノ	casino カシノ	片道	ida イダ	カフェテリア	cafetería カフェテリア
カシミア	cachemir カチャミル	片道切符	billete de ida ビジェテ デ イダ	壁	pared パレ
歌手	cantante カンタンテ	カタログ	catálogo カタロゴ	壁紙	papel pintado パペル ピンタド
カジュアルな	informal インフォルマル	花壇	parterre パルテレ	カボチャ	calabaza カラバサ
数	número ヌメロ	楽器	instrumento musical インストゥルメント ムシカル	紙	papel パペル
ガス	gas ガス			神	dios ディオス
ガス欠	sin combustible シン コンブスティブレ	楽器店	tienda instrumentos musicales ティエンダ インストゥルメントス ムシカレス	髪	pelo ペロ
風	viento ビエント			紙おむつ	pañales パニャレス
風邪	resfriado レスフリアド	学校	colegio コレヒオ	紙コップ	vaso de papel バソ デ パペル
課税	tasas タサス	家庭	familia ファミリア	かみそり	cuchilla de afeitar クチジャ デ アフェイタル
風が吹く	hace viento アセ ビエント	角	esquina エスキナ		
		悲しい	triste トリステ	紙タオル	toalla de papel トアジャ デ パペル
風邪薬	medicina para resfriado メディシナ パラ レスフリアド	金物店	ferretería フェレテリア	雷	trueno トルウエノ
河川	río リオ	金(かね)	dinero ディネロ	紙袋	bolsa de papel ボルサ デ パペル
家族	familia ファミリア	可能性	posible ポシブレ	亀	tortuga トルトゥガ

仮面	máscara マスカラ		為替レート	tipo de cambio ティポ デ カンビオ		患者	paciente パシエンテ
ガム	chicle チクレ		革の ジャケット	chaqueta de piel チャケタ デ ピエル		感謝する	agradecer アグラデセル
カメラ	cámara カマラ		缶	lata ラタ		勘定	cuenta クエンタ
カメラ店	tienda de fotografía ティエンダ デ フォト グラフィア		眼科医	oculista オクリスタ		勘定書	recibo レシボ
			環境	medio ambiente メディオ アンビエンテ		歓声	grito de alegría グリト デ アレグリア
かゆい	escozor／picor エスコソル／ピコル		環境破壊	daño medio ambiental ダニョ メディオ アンビエンテ		関税	aduana アドゥアナ
カラー フィルム	carrete de color カレテ デ コロル					乾燥肌	piel seca ピエル セカ
辛い	picante ピカンテ		缶切り	abrelatas アブレラタス		簡単な	fácil ファシル
カラオケ	karaoke カラオケ		玩具店	juguetería フゲテリア		缶詰食品	comida enlatada コミダ エンラタダ
ガラス	cristal クリスタル		管弦楽団	orquesta オルケスタ		乾電池	pila ピラ
体	cuerpo クエルポ		観光	turismo トゥリスモ		館内図	plano del edificio プラノ デル エディフィシオ
空の	vacío バシオ		観光案内所	oficina de información y turismo オフィシナ デ インフォルマシオン イ トゥリスモ		館内電話	línea interior リネア インテリオル
借りる	alquilar アルキラル					乾杯	brindis ブリンディス
軽い	ligero リヘロ		観光 クルーズ	crucero turístico クルセロ トゥリスティコ		看板	letrero レトレロ
カレンダー	calendario カレンダリオ		観光地	sitio turístico シティオ トゥリスティコ		漢方薬	hierbas medicinales イエルバス メディシナレス
過労	agotamiento アゴタミィエント		観光ツアー	tour turístico トゥル トゥリスティコ			
画廊	galería ガレリア		観光バス	autobús turístico アウトブス トゥリスティコ		管理	administración アドミニストラシオン
革	piel ピエル		観光パンフ レット	folleto turístico フォジェト トゥリスティコ		管理人	administrador アドミニストラドル
川	río リオ		看護士	enfermero エンフェルメロ		き	
かわいい	bonito ボニト		看護師	enfermera エンフェルメラ		キーホルダー	llavero ジャベロ

黄色	amarillo アマリジョ	貴重品	objetos de valor オブヘトス　デ　バロル	記念日	día aniversario ディア　アニベルサリオ
気温	temperatura テンペラトゥラ	きつい	ajustado アフスタド	昨日	ayer アジェル
機械	máquina マキナ	喫煙	fumador フマドル	寄付	donación ドナシオン
期間	duración ドゥラシオン	喫煙所	zona de fumadores ソナ　デ　フマドレス	気持ちが悪い	encontrarse mal エンコントラルセ　マル
気管支炎	bronquitis ブロンキティス	喫煙席	asiento de fumador アシェント　デ　フマドル	客	cliente クリエンテ
貴金属	metal precioso メタル　プレシオソ	喫茶店	tetería テテリア	客席	asiento アシェント
聞く	escuchar エスクチャル	キッチン	cocina コシナ	客船	barco de pasajeros バルコ　デ　パサヘロス
喜劇	comedia コメディア	切手	sello セジョ	キャバレー	cabaré カバレ
危険	peligro ペリグロ	切手代	precio de sello プレシオ　デ　セジョ	キャンセル	cancelación カンセラシオン
気候	clima クリマ	切符	billete ビジェテ	キャンセルする	cancelar カンセラル
記事	artículo アルティクロ	切符売場	venta de billetes ベンタ　デ　ビジェテス	キャンセル待ち(のリスト)	lista de espera リスタ　デ　エスペラ
技師	ingeniero インヘニエロ	切符自動販売機	máquina expendedora de billetes マキナ　エクスペンデドラ　デ　ビジェテス	休暇	vacaciones バカシオネス
技術	técnica テクニカ			救急車	ambulancia アンブランシア
傷	herida エリダ	機内食	comida durante el vuelo コミダ　ドゥランテ　エル　ブエロ	休憩室	sala de descanso サラ　デスカンソ
季節	estación エスタシオン				
規則	reglamento レグラメント	機内持ち込み手荷物	equipaje de mano エキパヘ　デ　マノ	急行料金	precio tren expreso プレシオ　トレン　エクスプレソ
北	norte ノルテ	絹／シルク	seda セダ		
ギター	guitarra ギタラ	記念切手	sello conmemorativo セジョ　コンメモラティボ	休日	día festivo ディア　フェスティボ
汚い	sucio スシオ			旧跡	lugar histórico ルガル　イストリコ
		記念碑	monumento conmemorativo モヌメント　コンメモラティボ	宮殿	palacio パラシオ
機長	comandante コマンダンテ			牛肉	carne de vaca カルネ　デ　バカ

牛乳	leche de vaca レチェ デ バカ	居住者	residentes レシデンテス	銀行	banco バンコ
救命胴衣	chaleco salvavidas チャレコ サルバビダス	去年	el año pasado エル アニョ パサド	銀行員	empleado de banco エンプレアド デ バンコ
給料	sueldo スエルド	距離	distancia ディスタンシア	禁止	prohibición プロイビシオン
今日	hoy オイ	嫌い	no gustar ノ グスタル	筋肉	músculo ムスクロ
教育	educación エドゥカシオン	霧	niebla ニエブラ	勤務外	fuera de servicio フエラ デ セルビシオ
教会	iglesia イグレシア	キリキリとした痛み	dolor agudo ドロル アグド	<	
教科書	libro de texto リブロ デ テクスト	着る	ponerse ポネルセ	空気	aire アイレ
競技場	estadio deportivo エスタディオ デポルティボ	きれい（美しい）	bonito ボニト	空港	aeropuerto アエロプエルト
教師	profesor プロフェソル	きれい（清潔）	limpio リンピオ	空港税	tasas aeroportuarias タサス アエロポルトゥアリアス
教室	clase クラセ	記録	registro レヒストロ	空室	habitación libre アビタシオン リブレ
兄弟	hermano エルマノ	金	oro オロ	空席	asiento libre アシエント リブレ
共同シャワー	ducha compartida ドゥチャ コンパルティダ	銀	plata プラタ	偶然に	por casualidad／accidentalmente ポル カスアリダ／アクシデンタルメンテ
共同トイレ	lavabo compartido ラバボ コンパルティド	禁煙	no fumador ノ フマドル	空腹である	tener hambre テネル アンブレ
共同浴場	baño compartido バニョ コンパルティド	禁煙車	vagón de no fumadores バゴン デ ノ フマドレス	空腹	hambre アンブレ
郷土料理	comida típica regional コミダ ティピカ レヒオナル	禁煙席	asiento de no fumadores アシエント デ ノ フマドレス	クーポン	cupón クポン
今日の午後	hoy por la tarde オイ ポル ラ タルデ	金額	precio プレシオ	区間	trayecto トラジェクト
今日の午前	hoy por la mañana オイ ポル ラ マニャナ	緊急	urgencia ウルヘンシア	釘	clavo クラボ
興味深い	interesante インテレサンテ	緊急の	urgente ウルヘンテ	臭い	oler mal オレル マル
許可	permiso ペルミソ	金庫	caja fuerte カハ フエルテ	鎖	cadena カデナ

腐る	pudrirse プドゥリルゼ	曇り	nublado ヌブラド	クローク	consigna コンシグナ
くし	peine ペイネ	暗い	oscuro オスクロ	クロゼット	armario アルマリオ
孔雀	pavo real パボ レアル	クラシック音楽	música clásica ムシカ クラシカ	クロワッサン	cruasán クルアサン
くしゃみ	estornudo エストルヌド	クラス	clase クラセ	燻製にした	ahumado アウマド
苦情	queja ケハ	グラス	vaso バソ		**け**
クジラ	ballena バジェナ	クラブ	club クルブ	計画	plan プラン
くずかご	cubo de basura クボ デ バスラ	グラム	gramo グラモ	経済	economía エコノミア
薬	medicina メディシナ	クリーニング	lavandería ラバンデリア	警察	policía ポリシア
果物	fruta フルタ	クリーニング代	precio de lavandería プレシオ デ ラバンデリア	警察官	agente de policía アヘンテ デ ポリシア
口当たり	sabor サボル	クリーム	crema クレマ	警察署	comisaría de policía コミサリア デ ポリシア
口当たりの良い	bueno al paladar ブエノ アル パラダル	クリスマス	Navidad ナビダ	計算する	calcular カルクラル
口紅	pintalabios ピンタラビオス	クルーズ	crucero クルセロ	掲示板	tablón de anuncios タブロン デ アヌンシオス
靴	zapatos サパトス	車	coche コチェ	芸術家	artista アルティスタ
靴下	calcetines カセッティネス	車椅子	silla de ruedas シジャ デ ルエダス	軽食	comida ligera コミダ リヘラ
靴店	zapatería サパテリア	車椅子用トイレ	lavabo adaptado ラバボ アダプタド	軽食堂	cafetería カフェテリア
靴ひも	cordón de zapatos コルドン デ サパトス	クレイムタッグ[荷物預かり証]	resguardo de equipaje レスグアルド デ エキバヘ	携帯電話	teléfono móvil テレフォノ モビル
国	país パイス	クレジットカード	tarjeta de crédito タルヘタ デ クレディト	芸能人	actores アクトレス
首	cuello クエジョ	クレンジング	desmaquillador デスマキジャドル	警報	alerta アレルタ
区分	clasificación クラシフィカシオン	黒い	negro ネグロ	契約	contrato コントラト
雲	nubes ヌベス				

167

契約書	documento contrato ドクメント　コントラト	血液型	grupo sanguíneo グルポ　サンギネオ	現地時間	tiempo／ hora local ティエンポ／ オラ　ロカル
ケーキ	pastel パステル	結婚	matrimonio マトリモニオ	見物	visita ビシタ
ケーブル カー	funicular フニクラル	解熱剤	antipirético アンティピレティコ		
毛織物	tejido de lana テヒド　デ　ラナ	煙	humo ウモ		こ
けが	herida エリダ	下痢	diarrea ディアレア	濃い	oscuro オスクロ
外科医	cirujano シルハノ	下痢止め	medicina para la diarrea メディシナ　パラ　ラ　ディアレア	コイン ロッカー	consigna automática コンシグナ　アウトマティカ
毛皮	piel ピエル	検疫	cuarentena クアレンテナ	更衣室	vestuario ベストゥアリオ
ケガをした	herido エリド			幸運な	con suerte コン　スエルテ
劇場	teatro テアトロ	原価	precio de fábrica ／ coste プレシオ　デ　ファブリカ ／コステ	公園	parque パルケ
下剤	laxante ラクサンテ	見学	visita ビシタ	公演	actuación アクトゥアシオン
消印	matasellos マタセジョス	現金	efectivo エフェクティボ	公演中の	en cartel エン　カルテル
景色	paisaje パイサヘ	言語	idioma イディオマ	効果	efecto エフェクト
消しゴム	goma de borrar ゴマ　デ　ボラル	健康	salud サル	硬貨 （コイン）	moneda モネダ
化粧水	loción cosmética ロシオン　コスメティカ	健康な	sano サノー	後悔	arrepentimiento アレペンティミィエント
化粧品	cosméticos コスメティコス	検査	inspección インスペクシオン	航海	navegación ナベガシオン
化粧品会社	empresa de cosméticos エンプレサ　デ　コスメティコス	研修	formación フォルマシオン	郊外	afueras アフエラス
ケチャップ	ketchup ケチュプ	現像	revelado レベラド	公害	contaminación コンタミナシオン
血圧	presión arterial プレシオン　アルテリアル	建築	construcción コストゥルクシオン	硬貨投入口	ranura para insertar monedas ラヌラ　パラ　インセルタル　モネダス
血液	sangre サングレ	建築家	arquitecto アルキテクト		

硬貨返却レバー	mecanismo de devolución de monedas メカニスモ デ デボルシオン デ モネダス	口座番号	número de cuenta bancaria ヌメロ デ クエンタ バンカリア	交番	puesto de policía プエスト デ ポリシア
交換	intercambio インテルカンビオ	講師（大学の）	profesor universitario プロフェソル ウニベルシタリオ	紅葉	hojas coloradas オハス コロラダス
交換手	operador オペラドル			合流	confluencia コンフルエンシア
講義	clases クラセス	工事	obra オブラ	声	voz ボス
高級	calidad superior カリダ スペリオル	公衆電話	teléfono público テレフォノ ププリコ	コース	curso クルソ
公共料金	terifa de servicios públicos タリファ デ セルビシオス ププリコス	公衆トイレ	lavabo público ラバボ ププリコ	コート	pista ピスタ
		工場	fábrica ファブリカ	コート（服）	abrigo アブリゴ
航空会社	compañía aérea コンパニア アエレア	交渉する	negociar ネゴシアル	コーヒー	café カフェ
航空券	billete de avión ビジェテ デ アビオン	香辛料	especias エスペシアス	コーヒーショップ	cafetería カフェテリア
航空便	correo aéreo コレオ アエレオ	香水	perfume ベルフメ	コーラ	coca cola コカ コラ
合計	suma total スマ トタル	降雪	nevada ネバダ	凍らせた	helado エラド
高血圧	hipertensión イペルテンシオン	高層ビル	rascacielos ラスカシエロス	氷	hielo イエロ
高原	meseta メセタ	高速道路	autopista アウトピスタ	凍る	congelar コンヘラル
高校生	alumno de bachillerato アルムノ デ バチジェラト	紅茶	té テ	コールボタン	botón de llamada ボトン ジャマダ
広告	anuncio アヌンシオ	交通事故	accidente de tráfico アクシデンテ デ トラフィコ	小型車	coche pequeño コチェ ペケニョ
口座	cuenta bancaria クエンタ バンカリア	交通渋滞	atasco de tráfico アタスコ デ トラフィコ	小切手	cheque チェケ
考察	pensamiento ペンサミィエント	強盗	ladrón ラドロン	故郷	pueblo natal プエブロ ナタル
交差点	cruce クルセ	購入	comprar コンプラル	国際	internacional インテルナショナル
		公認両替商	oficina de cambio オフィシナ デ カンビオ	国際運転免許証	licencia de conducir internacional リセンシア デ コンドゥシル インテルナショナル

日本語	スペイン語		日本語	スペイン語		日本語	スペイン語
国際線	vuelo internacional ブエロ インテルナショナル		故障中	averiado アベリアド		小道具	herramientas pequeñas エラミィエンタス ペケニャス
国際電話	llamada internacional ジャマダ インテルナショナル		個人用	uso privado ウソ プリバド		言葉	palabra パラブラ
国産ビール	cerveza nacional セルベサ ナショナル		個性	individualidad ／ originalidad インディビドゥアリダ／オリヒナリダ		子供	niño ニーニョ
国籍	nacionalidad ナショナリダ		小銭	dinero suelto ディネロ スウエルト		子供と一緒に	con el niño コン エル ニーニョ
国道	carretera nacional カレテラ ナショナル		小銭入れ	monedero モネデロ		子供服	ropa de niño ロパ デ ニーニョ
国内線	vuelo nacional ブエロ ナショナル		午前	mañana マニャナ		子供料金	tarifa para niño タリファ パラ ニーニョ
国内の	nacional ナショナル		午前の便	avión de la mañana アビオン デ ラ マニャナ		小鳥	pajarito パハリト
国立公園	parque nacional パルケ ナショナル		答える	responder レスポンデル		ことわざ	refrán レフラン
国立の	nacional ナショナル		国家	nación ナシオン		ことわる	rechazar レチャサル
ここ	aquí アキ		国会議事堂	congreso nacional コングレソ ナショナル		粉	polvo ポルボ
午後	tarde タルデ		国旗	bandera nacional バンデラ ナショナル		粉ミルク	leche en polvo レチェ エン ポルボ
心地よい	confortable コンフォルタブレ		国境	frontera nacional フロンテラ ナショナル		コネクティング・ルーム	habitación comunicante アビタシオン コムニカンテ
午後の便	avión de la tarde アビオン デ ラ タルデ		骨折	fractura de hueso フラクトゥラ デ ウエソ		琥珀	ámbar アンバル
腰	cadera カデラ		小包	paquete postal パケテ ポスタル		コピー	copia ／ fotocopia コピア／フォトコピア
個室	habitación individual アビタシオン インディビドゥアル		骨董品	antigüedades アンティグエダデス		胡麻油	aceite de sésamo アセイテ デ セサモ
コショウ	pimienta ピミエンタ		骨董品店	tienda de antigüedades ティエンダ デ アンティグエダデス		ごみ	basura バスラ
故障	avería アベリア		コットン	algodón アルゴドン		ごみ箱	cubo de basura クボ デ バスラ
故障する	averiarse アベリアルセ		コップ	vaso バソ		ゴム	goma ゴマ
						小麦	trigo トリゴ

170

基本会話

見どころ

グルメ

ショッピング

ビューティ

エンタメ

ホテル

乗りもの

基本情報

単語集

小麦粉	harina アリナ	
米	arroz アロス	
ゴルフ	golf ゴルフ	
ゴルフコース	campo de golf カンポ デ ゴルフ	
ゴルフボール	pelota de golf ペロタ デ ゴルフ	
コレクトコール	llamada a cobro revertido ジャマダ ア コブロ レベルティド	
壊れ物	frágil フラヒル	
今月	este mes エステ メス	
コンサート	concierto コンシェルト	
混雑	aglomeración アグロメラシオン	
コンシェルジュ	conserje コンセルヘ	
今週	esta semana エスタ セマナ	
コンセント	enchufe エンチュフェ	
コンタクトレンズ	lentes de contacto レンテス デ コンタクト	
コンドーム	preservativo プレセルバティボス	
今晩	esta noche エスタ ノチェ	
コンビニエンスストア	tienda 24 horas ティエンダ ベンテ クアトロ オラス	
コンピュータ	ordenador オルデナドル	

さ

サーカス	circo シルコ
サービス	servicio セルビシオ
サービス料	precio de servicio プレシオ デ セルビシオ
サーフィン	surfing スルフィン
災害	desastre デサストレ
再確認する	confirmar de nuevo ／ reconfirmar コンフィルマル デ ヌエボ ／レコンフィルマル
最近	últimamente ウルティマメンテ
サイクリング	ciclismo シクリスモ
在庫	existencias エクシステンシアス
最後の	último ウルティモ
サイコロ	dados ダドス
祭日	día festivo nacional ディア フェスティボ ナショナル
材質	calidad de materiales カリダ デ マテリアレス
最終目的地	destino final デスティノ フィナル
最終列車	último tren ウルティモ トレン
最小の	el más pequeño エル マス ペケニョ

菜食主義者	vegetariano ベヘタリアノ
最初の	primero プリメロ
最新の	actual アクトゥアル
サイズ	tamaño タマニョ
最前列	primera fila プリメラ フィラ
最大の	máximo マクシモ
財団	fundación フンダシオン
最低料金	precio mínimo プレシオ ミニモ
再発行する	expedir de nuevo エクスペディル デ ヌエボ
裁判	juicio フイシオ
財布	cartera カルテラ
材料	materiales マテリアレス
サイン	firma フィルマ
サウナ	sauna サウナ
探す・捜す	buscar ／ investigar ブスカル／ インベスティガル
魚	pescado ペスカド
酒店	licorería リコレリア
詐欺	fraude フラウデ
先払い	previo pago プレビオ パゴ

171

桜	cerezo セレソ	様々な	vario バリオ	痔	hemorroides ヘモロイデス
サクランボ	cerezas セレサス	寒い	frío フリオ	試合	competición コンペティシオン
酒	bebida alcohólica ベビダ アルコリカ	寒気	escalofríos エスカロフリオス	シーツ	sábanas サバナス
差出人	remitente レミテンテ	冷める	enfriarse エンフリアルセ	CD店	tienda de CD ティエンダ デ セデ
刺身	pescado crudo ペスカド クルド	皿	plato プラト	シート ベルト	cinturón de seguridad シントゥロン デ セグリダ
査証	visado ビサド	サラダ	ensalada エンサラダ		
座席	asiento アシェント	猿	mono モノ	寺院	templo テンプロ
座席番号	número de asiento ヌメロ デ アシェント	ざる	cesta de bambú セスタ デ バンブ	ジーンズ	pantalones vaqueros パンタロネス バケロス
左折禁止	prohibido girar a la izquierda プロイビド ヒラル ア ラ イスキエルダ	三角	triangulo トリアングロ	自営業	empresa privada エンプレサ プリバダ
		三脚	trípode トリポデ	塩	sal サル
札入れ	billetero ビジェテロ	サングラス	gafas de sol ガファス デ ソル	塩辛い	salado サラド
撮影禁止	prohibido hacer fotos プロイビド アセル フォトス	珊瑚礁	arrecife de coral アレシフェ デ コラル	歯科医	dentista デンティスタ
		酸素マスク	máscara de oxígeno マスカラ デ オクシヘノ	市街	urbano ウルバノ
作家	autor アウトル			市街地図	mapa de la ciudad マパ デ ラ シウダ
サッカー	fútbol フトボール	産地	región productora レヒオン プロドゥクトラ		
雑貨店	quiosco キオスコ	サンド イッチ	sandwich サンドウィチ	市外通話	llamada interurbana ジャマダ インテルウルバナ
雑誌	revista レビスタ	桟橋	muelle ムエジェ		
砂糖	azúcar アスカル	散髪	corte de pelo コルテ デ ペロ	四角	rectángulo レクタングロ
茶道	ceremonia del té セレモニア デル テ	散歩	paseo パセオ	自画像	autorretrato アウトレトラト
砂漠	desierto デシエルト		し	時間	hora オラ
サマータイム	horario de verano オラリオ デ ベラノ	市	ciudad シウダ	至急	urgente ウルヘンテ

刺激物	estimulante エスティムランテ	施設	instituciones インスティトゥシオネス	質問	pregunta プレグンタ
資源	recursos レクルソス	自然	naturaleza ナトゥラレサ	質問する	preguntar プレグンタル
事件	suceso スセッソ	(〜の)下	debajo de デバホ デ	室料	precio de habitación プレシオ デ アビタシオン
事故	accidente アクシデンテ	舌	lengua レングア		
時刻	hora オラ	下着	ropa interior ロパ インテリオル	指定席	asiento reservado アシェント レセルバド
時刻表	horario オラリオ	親しい	íntimo インティモ	自転車	bicicleta ビシクレタ
事故証明書	atestado[parte] de accidente アテスタド[パルテ] デ アクシデンテ	下の	de abajo デ アバホ	自動	automático アウトマティコ
		下の階	piso de abajo ピソ デ アバホ	自動車	coche コチェ
仕事	trabajo トラバホ	試着室	probador プロバドル	自動販売機	máquina expendedora マキナ エクスペンデドラ
時差ボケ	cansancio debido al desfase horario カンサンシオ デビド アル デスファセ オラリオ	試着する	probarse プロバルセ	市内	urbano ウルバノ
磁石	imán イマン	市庁舎	oficinas del ayuntamiento オフィシナス デル アジュンタミエント	市内通話	llamada urbana ジャマダ ウルバナ
刺繍	bordado ボルダド			市内へ	a la ciudad ア ラ シウダ
辞書	diccionario ディクシオナリオ	質	calidad カリダ	品切れ	agotado アゴタド
地震	terremoto テレモト	歯痛	dolor de muelas ドロル デ ムエラス	品物	artículos アルティクロス
静か	tranquilidad トランキリダ	失業	paro パロ	市の中心部	centro de la ciudad セントロ デ ラ シウダ
静かな	tranquilo／ tranquila トランキロ／トランキラ	実際に	en realidad エン レアリダ	芝居	obra de teatro オブラ デ テアトロ
静かに	tranquilamente／ silenciosamente トランキラメンテ／ シレンシオサメンテ	湿度	humedad ウメダ	支配人	director ディレクトル
		湿度が高い	húmedo ウメド	始発電車	primer tren プリメル トレン
史跡	lugar de interés histórico ルガル デ インテレス イストリコ	失敗する	fracasar フラカサル	芝生	césped セスペド
		湿布	parche パルチェ	支払い	pago パゴ

持病	enfermedad crónica エンフェルメダ　クロニカ	写真店	tienda de fotografía ティエンダ　デ　フォトグラフィア	住所	dirección ディレクシオン
紙幣	billete ビジェテ	ジュース	zumo スモ
脂肪	grasa グラサ	ジャズ	jazz ジャズ	修正する	reparar レパラル
島	isla イスラ	ジャズクラブ	club de jazz クルブ　デ　ジャズ	自由席	asiento libre アシエント　リブレ
姉妹	hermana エルマナ	社長	presidente プレシデンテ	渋滞	atasco アタスコ
閉まる	cerrarse セラルセ	シャツ	camisa カミサ	終電	último tren ウルティモ　トレン
シミ	mancha マンチャ	シャッター	postigo ポスティゴ	充電器	cargador de pilas カルガドル　デ　ピラス
地味	sobrio ソブリオ	車道	camino de coches カミノ　デ　コチェス	週末	fin de semana フィン　デ　セマナ
ジム	gimnasio ヒンナシオ	ジャム	mermelada メルメラダ	10ユーロ紙幣	billete de 10 euros ビジェテ　デ　ディエス　エウロス
事務所	oficina オフィシナ	車両	vagón バゴン	修理工場	taller de reparaciones タジェル　デ　レパラシオネス
湿った	húmedo ウメド	シャワー	ducha ドゥチャ
閉める	cerrar セラル	シャワー付き	con ducha コン　ドゥチャ	修理する	reparar レパラル
地面	superficie スペルフィシエ	シャンプー	champú チャンプー	授業料	pago de clases パゴ　デ　クラセス
社会福祉	bienestar social ビエンエスタル　ソシャル	週	semana セマナ	祝日	día de fiesta デイア　デ　フィエスタ
ジャガイモ	patatas パタタス	銃	fusil フシル	宿泊カード	tarjeta de alojamiento タルヘタ　デ　アロハミィエント
市役所	ayuntamiento アジュタミィエント	自由	libre リブレ
蛇口	grifo グリフォ	習慣	costumbre コストゥンブレ	宿泊客	huésped ウエスペド
車掌	conductor コンドゥクトル	宗教	religión レリヒオン	手術	operación オペラシオン
写真	foto フォト	集合場所	lugar de encuentro ルガル　デ　エンクエントロ	首相	primer ministro プリメル　ミニストロ
		(〜の) 収集	colección de コレクシオン　デ	出血する	tener una hemorragia テネル　ウナ　エモラヒア

出国カード	tarjeta de embarque タルヘタ デ エンバルケ	ショウガ	jengibre ヘンヒブレ	消毒液	desinfectante デシンフェクタンテ
出国税	tasas salida del país タサス サリダ デル パイス	紹介する	presentar プレセンタル	衝突	choque チョケ
		消火器	extintor de incendios エクスティントル デ インセンディオス	乗馬	equitación エキタシオン
出身地	tierra de origen ティエラ デ オリヘン			情報	información インフォルマシオン
出入国管理	control de inmigración コントロル デ インミグラシオン	小学校	escuela primaria エスクエラ プリマリア	情報誌	revista informativa レビスタ インフォルマティバ
		消化不良	indigestión インディヘスティオン		
出発	salida サリダ	乗客	pasajero パサヘロ	消防署	parque de bomberos パルケ デ ボンベロス
出発時間	hora de salida オラ デ サリダ	状況	situación シトゥアシオン		
出発する	salir サリル	条件	condición コンディシオン	照明	iluminación イルミナシオン
出発ロビー	sala de embarque サラ デ エンバルケ	証拠	demostración デモストラシオン	正面スタンド	grada frontal グラダ フロンタル
出版社	editorial エディトリアル	正午	mediodía メディオディア	醤油	salsa de soja サルサ デ ソハ
首都の	de la capital デ ラ カピタル	詳細	detalles デタジェス	常用薬	medicina uso diario メディシナ ウソ ディアリオ
主婦	ama de casa アマ デ カサ	錠剤	pastilla パスティジャ		
趣味	afición アフィシオン	正直な	honesto オネスト	使用料	tarifa de uso タリファ デ ウソ
主役	protagonista プロタゴニスタ	症状	síntomas シントマス	ショー	representación レプレセンタシオン
種類	clase クラセ	乗船券	billete de embarque (barco) ビジェテ デ エンバルケ(バルコ)	食あたり	intoxicación alimentaria イントクシカシオン アリメンタリア
受話器	auricular アウリクラル			職業	profesión プロフェシオン
準備	preparativos プレパラティボス	肖像画	retrato レトラト	食事	comida コミダ
順路	itinerario イティネラリオ	招待	invitar インビタル	食堂	comedor コメドル
		冗談	broma ブロマ	食堂車	vagón comedor バゴン コメドル
上演	representación レプレセンタシオン	使用中	ocupado オクパド	植物	plantas プランタス

175

植物園	jardín botánico ハルディン ボタニコ	シングルルーム	habitación individual アビタシオン インディビドゥアル	診断書	certificado médico セルティフィカド メディコ
食欲	apetito アペティト	信号	semáforo セマフォロ	新年	nuevo año ヌエボ アニョ
食料品店	tienda de comestibles ティエンダ デ コメスティブレス	人口	población ポブラシオン	新聞	periódico ペリオディコ
食器	vajilla バヒジャ	人工皮革	piel sintética ピエル シンテティカ	じんましん	urticaria ウルティカリア
食器店	tienda de vajilla ティエンダ デ バヒジャ	申告書	documento de declaración ドクメント デ デクララシオン	深夜	medianoche メディアノチェ
ショッピング街	calle comercial カジェ コメルシアル			親友	amigo íntimo アミゴ インティモ
ショッピングセンター	centro comercial セントロ コメルシアル	申告する	declarar デクララル		す
書店	librería リブレリア	新婚旅行	viaje de novios ビアヘ デ ノビオス	酢	vinagre ビナグレ
処方箋	receta médica レセタ メディカ	診察	reconocimiento médico レコノシミエント メディコ	スイートルーム	habitación suite アビタシオン スウィーテ
署名	firma フィルマ	寝室	dormitorio ドルミトリオ	水泳	natación ナタシオン
所有物	propiedad プロピエダ	真実	realidad レアリダ	水彩画	acuarelas アクレラス
書類	documentos ドクメントス	真珠	perla ペルラ	水晶	cristal de roca クリスタル デ ロカ
調べる	investigar インベスティガル	紳士用	para caballeros パラ カバジェロス	推薦	recomendación レコメンダシオン
シリアル	cereal セレアル	親戚	familiares ファミリアレス	水族館	acuario アクアリオ
シルク	seda セダ	親切	amable アマブレ	スイッチ	interruptor インテルプトル
知る	saber／conocer サベル／コノセル	心臓	corazón コラソン	睡眠	sueño スエニョ
城	castillo カスティジョ	寝台車	coche cama コチェ カマ	睡眠不足	insomnio インソムニオ
白い	blanco ブランコ	寝台料金	tarifa de coche cama タリファ デ コチェ カマ	睡眠薬	pastilla para dormir パスティジャ パラ ドルミル
シワ	arrugas アルガス			数字	números ヌメロス

基本会話
見どころ
グルメ
ショッピング
ビューティ
エンタメ
ホテル
乗りもの
基本情報
単語集

日本語	スペイン語		日本語	スペイン語		日本語	スペイン語
スーツ	traje トラヘ		頭痛	dolor de cabeza ドロル デ カベサ		住む	residir レシディル
スーツケース	maleta マレタ		すっぱい	ácido アシド		すり	carterista カルテリスタ
スーパーマーケット	supermercado スペルメルカド		ステージ	escenario エスセナリオ		すりおろした	rallado ラジャド
スエード	ante アンテ		素敵な	elegante エレガンテ		スリッパ	zapatillas サパティジャス
スカート	falda ファルダ		ストッキング	medias メディアス		座る	sentar センタル
スカーフ	pañuelo パニュエロ		ストレート／真っ直ぐ	recto／directo レクト／ディレクト			
スキー	esquí エスキー		ストロー	pajita パヒタ			**せ**
ズキズキ痛む	dolor punzante ドロル プンサンテ		スナック菓子	aperitivos アペリティボス		姓	apellido アペジド
過ぎる	exceder エクスセデル		砂浜	playa プラジャ		(〜の)生家	casa natal (de) カサ ナタル (デ)
すぐに	enseguida エンセギダ		スニーカー	zapatillas de deporte サパティジャス デ デポルテ		生花店	floristería フロリステリア
スケジュール	plan プラン					税関	aduanas アドゥアナス
スケッチ禁止	prohibido pintal プロイビド ピンタル		スピーカー	altavoz アルタボス		税関申告書	declaración de aduanas デクララシオン デ アドゥアナス
スコアボード	marcador マルカドル		スプーン	cuchara クチャラ		請求	reclamación レクラマシオン
少し	un poco ウン ポコ		すべての	de todos デ トドス		請求書	factura ファクトゥラ
寿司	sushi スシ		すべりやすい	deslizante デスリサンテ		税金	impuestos インプエストス
涼しい	fresco フレスコ		スポーツ	deporte デポルテ		清潔な	limpio リンピオ
勧める	recomendar レコメンダル		スポーツ用品店	tienda de deportes ティエンダ デ デポルテス		政治	política ポリティカ
スター	estrella エストレジャ					生鮮食品	alimentos frescos アリメントス フレスコス
スタイル	estilo エスティロ		ズボン	pantalones パンタロネス			
スタンド	gradería グラデリア		隅の席	asiento de al lado アシェント デ アル ラド		正装	vestir de etiqueta ベスティル デ エティケタ

生年月日	fecha de nacimiento フェチャ デ ナシミィエント
性別	género ヘネロ
姓名	nombre completo ノンブレ コンプレト
生理痛	dolor menstrual ドロル メンストルアル
生理日	día de la regla ディア デ ラ レグラ
生理用品	compresa コンプレサ
西暦	calendario occidental カレンダリオ オクシデンタル
税を払う	pago de impuestos パゴ デ インプエストス
セーター	suéter スエテル
セーフティ・ボックス	caja de fuerte カハ デ フエルテ
セール	venta ベンタ
セールスマン	vendedor ベンデドル
世界	mundo ムンド
世界遺産	patrimonio de la humanidad パトリモニオ デ ラ ウマニダ
咳	tos トス
席	asiento アシェント
席を予約する	reservar asiento レセルバル アシェント

石けん	jabón ハボン
接続(交通機関の)	conexión コネクシオン
接着剤	adhesivos アデシボス
セット	juego フエゴ
セットメニュー	plato combinado プラト コンビナド
説明書	instrucciones インストゥルクシオネス
せともの	porcelana ポルセラナ
背中	espalda エスパルダ
セルフサービス	autoservicio アウトセルビシオ
栓	tapón タポン
先月	mes pasado メス パサド
洗剤	detergente デテルヘンテ
船室	camarote カマロテ
船室係	encargado de camarotes エンカルガド デ カマロテス
船室手荷物	equipaje de camarote エキパヘ デ カマロテ
先週	semana pasada セマナ パサダ
先住民	nativo ナティボ
洗浄ボタン	botón de lavado ボトン デ ラバド

戦争	guerra ゲラ
ぜんそく	asma アスマ
洗濯	lavado ラバド
洗濯機	lavadora ラバドラ
洗濯する	lavar ラバル
洗濯物	ropa para lavar ロパ パラ ラバル
船長	capitán カピタン
宣伝	anuncio アヌンシオ
栓抜き	sacacorchos サカコルチョス
扇風機	ventilador ベンティラドル
前方	delantero デランテロ
前方の席	asiento delantero アシェント デランテロ
専門医	médico especialista メディコ エスペシャリスタ
専門店	tienda especializada ティエンダ エスペシャリサダ

そ

像	imagen イマヘン
双眼鏡	prismáticos プリスマティコス
走行距離	distancia de recorrido ディスタンシア デ レコリド

総合検診	revisión general レビシオン ヘネラル
掃除	limpieza リンピエサ
掃除する	limpiar リンピアル
掃除中	de limpieza デ リンピエサ
痩身	figura delgada フィグラ デルガダ
騒々しい	ruidoso ルイドソ
送付先	dirección de envío ディレクシオン デ エンビオ
ソーセージ	embutido エンブティド
速達	urgente ウルヘンテ
速度計	indicador de velocidad インディカドル デ ベロシダ
底	fondo フォンド
素材	materiales マテリアレス
率直な	honesto オネスト
外	exterior エクステリオル
ソファ	sofá ソファ
ソプラノ	soprano ソプラノ
空	cielo シィエロ

た

体温	temperatura corporal テンペラトゥラ コルポラル
体温計	termómetro テルモメトロ
大学	universidad ウニベルシダ
大学生	estudiante universitario エストゥディアンテ ウニベルシタリオ
滞在する	permanecer en ペルマネセル エン
滞在予定期間	duración de estancia prevista ドゥラシオン デ エスタンシア プレビスタ
大寺院	catedral カテドラル
大使館	embajada エンバハダ
体質	complexión コンプレクシオン
体重	peso ペソ
大丈夫	bien ビエン
大聖堂	catedral カテドラル
体操	gimnasia ヒンナシア
大統領	presidente プレシデンテ
台所	cocina コシナ
台風	tifón ティフォン
タイヤ	rueda ルエダ

ダイヤモンド	diamante ディアマンテ
太陽	sol ソル
タオル	toalla トアジャ
高い(高さ)	alto アルト
高い(値段)	caro カロ
滝	cascada カスカダ
たくさんの	muchos ムチョス
タクシー	taxi タクシィ
タクシー乗り場	parada de taxis パラダ デ タクシィ
託児所	guardería グアルデリア
助ける	ayudar アジュダル
ただ	gratis グラティス
正しい	correcto コレクト
立ち見席	localidades de pie ロカリダデス デ ピエ
脱脂綿	algodón limpiador アルゴドン リンピアドル
建物	edificio エディフィシオ
建てる	edificar エディフィカル
種	semilla セミジャ
楽しい	divertido ディベルティド
タバコ	tabaco タバコ

日本語	スペイン語		日本語	スペイン語		日本語	スペイン語
タバコを吸う	fumar tabaco フマル タバコ		暖炉	chimenea チメネア		父	padre パドレ
ダブルルーム	habitación doble アビタシオン ドブレ		**ち**			チップ	propina プロピナ
食べる	comer コメル		血	sangre サングレ		チップ(カジノでのゲームコイン)	ficha フィチャ
打撲	contusión コントゥシオン		地域	barrio バリオ		地方	región レヒオン
卵	huevo ウエボ		小さい	pequeño ペケニョ		着陸	aterrizaje アテリサヘ
タマネギ	cebolla セボジャ		チェックアウト	registro de salida レヒストロ デ サリダ		注意	advertencia アドベルテンシア
試す	probar プロバル		チェックアウトの時間	hora de salida オラ デ サリダ		中学生	alumno de secundaria アルムノ デ セクンダリア
足りない	faltar ファルタル		チェックイン	registro de entrada レヒストロ デ エントラダ		中型車	coche tamaño medio コチェ タマニョ メディオ
タワー	torre トレ		地下	subterráneo スプテラネオ		中学校	colegio de enseñanza secundaria コレヒオ デ エンセニャンサ セクンダリア
単語	palabra パラブラ		近くにある	cerca セルカ			
炭酸水	agua con gas アグア コン ガス		地下鉄	metro メトロ		中くらい	mediano メディアノ
炭酸なしの水	agua sin gas アグア シン ガス		地下鉄駅	estación de metro エスタシオン デ メトロ		中国産	fabricado en China ファブリカド エン チナ
男女	hombre y mujer オンブレ イ ムヘル		地下鉄路線図	plano del metro プラノ デル メトロ		中国料理	comida china コミダ チナ
誕生日	cumpleaños クンプレアニョス		近道	atajo アタホ		中古品	segunda mano セグンダ マノ
男女共同	uso mixto ウソ ミクスト		近道する	atajar アタハル		注射	inyección インジェクシオン
ダンス	danza ダンサ		地球	tierra ティエラ		駐車禁止	prohibido aparcar プロイビド アパルカル
団体	grupo グルポ		チケット	billete ビジェテ		駐車場	aparcamiento アパルカミィエント
団体旅行	viaje del grupo ビアへ デル グルポ		チケットショップ	tienda de billetes ティエンダ デ ビジェテス		駐車する	aparcar アパルカル
暖房	calefacción カレファクシオン		地図	mapa マパ			
ダンボール	caja de cartón カハ デ カルトン						

180

駐車料金	tarifa de aparcamiento タリファ デ アパルカミィエント	ツアー料金	precio del tour プレシオ デル トゥル	梅雨	temporada de lluvias テンポラダ デ ジュビア
昼食	almuerzo アルムエルソ	追加する	añadir アニャディル	強い	fuerte フエルテ
虫垂炎	apendicitis アペンディシティス	追加料金	suplemento スプレメント	釣り銭	cambio カンビオ
注文	pedido ペディド	ツインルーム	habitación doble アビタシオン ドブレ	連れ	compañía コンパニア
注文する	pedir ペディル	通貨申告	declaración de divisas デクララシオン デ ディビサス		

て

長距離電話	llamada a larga distancia ジャマダ ア ラルガ ディスタンシア	通行止め	camino sin salida カミノ シン サリダ	手	mano マノ
彫刻	escultura エスクルトゥラ	通訳する	traducir トラドゥシル	提案	propuesta プロプエスタ
彫刻家	escultor エスクルトル	通路側の席	asiento de pasillo アシェント デ パシジョ	Tシャツ	camiseta カミセタ
頂上	cumbre クンブレ	疲れる	cansarse カンサルセ	ティーバッグ	bolsita de té ボルシタ デ テ
朝食	desayuno デサジュノ	月	luna ルナ	ディーラー	representante comercial レプレセンタンテ コメルシアル
長方形	rectangulo レクタングロ	次の	siguiente シギエンテ	庭園	jardín ハルディン
調味料	condimentos コンディミエントス	月日	días y meses ディアス イ メセス	定価	precio fijo プレシオ フィホ
チョコレート	chocolate チョコラテ	机	escritorio エスクリトリオ	テイクアウト（持ち帰り）	para llevar パラ ジェバル
直行バス	autobús directo アウトブス ディレクト	続ける	continuar コンティヌアル	定刻	hora fijada オラ フィハダ
直行便	avión directo アビオン ディレクト	包んで	envolviendo エンボルビエント	停車場（長距離バスの）	parada de autobús de larga distancia パラダ デ アウトブス デ ラルガ ディスタンシア
治療	tratamiento トラタミエント	つぶした	aplastar アプラスタル		
鎮痛剤	calmante カルマンテ	爪	uña ウニャ	定食	plato de día プラト デ ディア

つ

		爪切り	cortaúñas コルタウニャ		
ツアー	tour トゥル	冷たい	frío フリオ	ティッシュ	pañuelos de papel パニョエロス デ パペル

181

日本語	スペイン語		日本語	スペイン語		日本語	スペイン語
停留所 （バスの）	parada de autobús パラダ デ アウトブス		手荷物	equipaje de mano エキパヘ デ マノ		展示する	exponer エクスポネル
テーブル	mesa メサ		手荷物 預かり所	consigna de equipajes コンシグナ デ エキパヘ		電車	tren トレン
テーブル クロス	mantel マンテル			resguardo de consigna de		天井	techo テチョ
手紙	carta カルタ		手荷物 預かり札	equipajes レスグアルド デ コンシグナ デ		電池	pila ピラ
できたての	recién hecho レシェン エチョ			エキパヘス		伝統	tradición トラディシオン
（〜で） 出来ている	ya está ジャ エスタ		デパート	grandes almacenes グランデス アルマセネ ス		伝統行事	ceremonias tradicionales セレモニア トラディシオナレス
出口	salida サリダ		手袋	guantes グアンテス		電報	telegrama テレグラマ
デザート	postre ポストレ		寺	templo ティンムポ		展望台	mirador ミラドル
デザート スプーン	cuchara de postre クチャラ デ ポストレ		出る	salir サリル		展覧会	exposición エクスポシシオン
デザイナー	diseñador ディセニャドル		テレビ	televisión テレビシオン		電話	teléfono テレフォノ
デザイン	diseño ディセニョ		テロ	terrorismo テロリスモ		電話代	tarifa telefónica タリファ テレフォニカ
デジタル カメラ	cámara digital カメラ ディヒタル		店員	dependiente デペンディエンテ		電話帳	directorio telefónico ディレクトリオ テレフォニコ
手数料	comisión コミシオン		天気	tiempo ティエンポ		電話 ボックス	cabina de teléfono カビナ デ テレフォノ
手帳	agenda アヘンダ		電気	electricidad エレクトリシダ		と	
手伝う	ayudar アジュダル		電気製品	producto electrónico プロドゥクト エレクトロニコ		ドア	puerta プエルタ
鉄道	tren トレン					トイレ	lavabos ラバボス
鉄道駅	estación de tren エスタシオン デ トレン		天気予報	previsión del tiempo プレビシオン デル ティエンポ		トイレット ペーパー	papel higiénico パペル イヒエニコ
テニス	tenis テニス		伝言	recado レカド		唐辛子	pimiento rojo ピミエント ロホ
テニス コート	pista de tenis ピスタ デ テニス		展示	exposición エクスポシシオン		闘牛	toros トロス
テニス ボール	pelota de tenis ペロタ デ テニス						

陶磁器店	tienda de cerámicas ティエンダ デ セラミカス	遠い	lejos レホス	トマト	tomate トマテ	基本会話
搭乗	embarque エンバルケ	トースト	tostada トスタダ	停まる	pararse パラルセ	見どころ
搭乗ゲート	puerta de embarque プエルタ デ エンバルケ	通り	calle カジェ	泊まる	alojar アロハル	
		都会の	de la ciudad デ ラ シウダ	友だち	amigo アミゴ	グルメ
搭乗券	tarjeta de embarque タルヘタ デ エンバルケ	特産品	especialidad エスペシアリダ	ドライクリーニング	lavado en seco ラバド エン セコ	
搭乗時間	hora de embarque オラ デ エンバルケ	読書灯	lámpara de lectura ランパラ デ レクトゥラ	ドライヤー	secador de pelo セカドル デ ペロ	ショッピング
銅像	estatua de bronce エスタトゥア デ ブロンセ	特徴	característica カラクテリスティカ	ドラッグストア	droguería ドロゲリア	ビューティ
到着	llegada ジェガダ	特別行事	ceremonia especial セレモニア エスペシアル	トラブル	problema プロブレマ	
到着が遅い	llegada con retraso ジェガダ コン レトラソ	時計	reloj レロホ	トラベラーズ・チェック	cheque de viaje チェケ デ ビアヘ	エンタメ
到着時間	hora de llegada オラ デ ジェガダ	時計店	relojería レロヘリア	ドラマ	drama ドラマ	
到着する	llegar ジェガル	図書館	biblioteca ビブリオテカ	トランク (自動車の)	maletero del coche マレテロ デル コチェ	ホテル
盗難証明書	denuncia de robo デヌンシア デ ロボ	土地の名物料理	comida típica de la región コミダ ティピカ デ ラ レヒオン	トランプ	baraja バラハ	
糖尿病	diabetes ディアベテス			鳥	pájaro パハロ	乗りもの
動物	animales アニマレス	とっておく	guardar para después グアルダル パラ デスプエス	取扱い注意	frágil フラヒル	
動物園	zoológico ソオロヒコ	届ける	enviar エンビアル	取り替える	cambiar カンビアル	基本情報
同僚	compañero コンパニェロ	とどまる	quedarse ケダルセ	取消す	cancelar カンセラル	
道路	carretera カレテラ	どのくらい	cuánto クアント	鶏肉	carne de pollo カルネ デ ポジョ	単語集
道路地図	plano de carreteras プラノ デ カレテラス	徒歩	a pie ア ピエ	ドレス	vestido de fiesta ベスティード デ フィエスタ	
				泥棒	ladrón ラドロン	

日本語	スペイン語		日本語	スペイン語		日本語	スペイン語

内科医	medico internista メディコ インテルニスタ	
内線	línea interior リネア インテリオル	
ナイトクラブ	club nocturno クルブ ノクトゥルノ	
ナイトスポット	zona nocturna ゾナ ノクトゥルナ	
ナイトツアー	tour nocturno トゥル ノクトゥルノ	
ナイトテーブル	mesilla de noche メシジャ デ ノチェ	
ナイフ	cuchillo クチジョ	
ナイロン	nailon ナイロン	
治す	curar／reparar クラル／レパラル	
長い	largo ラルゴ	
長袖	manga larga マンガ ラルガ	
中庭	patio interior パティオ インテリオル	
中身	contenido コンテニド	
眺め	paisaje パイサヘ	
眺めがよい	buen paisaje ブエン パイサヘ	
泣く	llorar ジョラル	
夏	verano ベラノ	
何か	algo アルゴ	
ナプキン	servilleta セルビジェタ	

名札	placa con nombre プラカ コン ノンブレ	
鍋	olla オジャ	
名前	nombre ノンブレ	
生ジュース	zumo natural スモ ナトゥラル	
生の	natural ナトゥラル	
生ハム	jamón serrano ハモン セラノ	
生もの	al natural アル ナトゥラル	
波	ola オラ	
涙	lágrima ラグリマ	
軟膏	pomada ポマダ	
何でも	cualquier cosa クアルキエル コサ	

似合う	quedar bien ケダル ビエン	
匂う	oler オレル	
2階	segunda planta セグンダ プランタ	
苦い	amargo アマルゴ	
2階席 (劇場の)	asiento de anfiteatro アシェント デ アンフィテアトロ	
2階前方席 (劇場の)	asiento de anfiteatro delantero アシェント デ アンフィテアトロ デランテロ	

逃がす	soltar ソルタル	
ニキビ	acné アクネ	
賑やかな	animado アニマド	
煮込んだ	cocido コシド	
西	oeste オエステ	
24時間営業	abierto las 24 horas アビィエルト ラス ベンテ クアトロ オラス	
偽物	falsificación ファルシフィカシオン	
日用品	producto de uso diario プロドゥクト デ ウソ ディアリオ	
日記	diario ディアリオ	
2等	segunda clase セグンダ クラセ	
日本	Japón ハポン	
日本語	japonés ハポネス	
日本車	coche japonés コチェ ハポネス	
日本人	japonés／japonesa ハポネス／ハポネサ	
日本大使館	embajada de Japón エンバハダ デ ハポン	
日本の連絡先	dirección en Japón ディレクシオン エン ハポン	
日本料理	comida japonesa コミダ ハポネサ	
荷物	maleta マレタ	

荷物受取所	reclamación de equipajes レクラマシオン デ エキパヘ
荷物棚	estante de equipajes エスタンテ デ エキパヘス
入院	ingreso hospitalario イングレソ オスピタラリオ
乳液	emulsión facial エムプルシオン ファシアル
入国	entrar en el país エントラル エン エル パイス
入国カード	tarjeta de desembarque タルヘタ デ デセンバルケ
入国審査	trámites de desembarque トラミテス デ デセンバルケ
入国目的	objeto de desembarque オブヘト デ デセンバルケ
入場料	entrada エントラダ
ニュース	noticias ノティシアス
尿	orina オリナ
庭	jardín ハルディン
人気のある	popular ポプラル
人気の高いツアー	tour turístico muy popular トゥル トゥリスティコ ムイ ポプラル
人形	muñeca ムニェカ
人数	número de personas ヌメロ デ ペルソナス
ニンニク	ajo アホ
妊婦	embarazada エンバラサダ

ぬ

盗まれた品物	objeto robado オブヘト ロバド
ぬるい	tibio ティビオ

ね

ネクタイ	corbata コルバタ
猫	gato ガト
ネズミ	rata ラタ
値段	precio プレシオ
熱	calor カロル
ネックレス	collar コジャル
値引き	rebaja レバハ
値札	etiqueta de precios エティケタ デ プレシオス
眠い	tener sueño テネル スウェニョ
寝る	dormir ドルミル
ねんざ	torcedura トルセドゥラ
年中行事	ceremonias anuales セレモニアス アヌアレス

年齢	edad エダ

の

脳	cerebro セレプロ
農家	agricultor アグリクルトル
農業	agricultura アグリクルトゥラ
脳しんとう	conmoción cerebral コンモシオン セレブラル
脳卒中	apoplejía アポプレヒア
のど	garganta ガルガンタ
のどが痛い	dolor de garganta ドロル デ ガルガンタ
飲み物	bebida ベビダ
飲む	beber ベベル
のり	pegamento ペガメント
乗り換え	hacer transbordo アセル トランスボルド
乗換え券	billete de transbordo ビジェテ デ トランスボルド
乗り換える	transbordar トランスボルダル
乗り込む	subir a bordo スビル ア ボルド
乗りそこなう	perder el tren／avión ペルデル エル トレン／アビオン
乗り継ぎ／トランジット	enlace tránsito エンランセ トランシト

185

乗り継ぎカウンター	mostrador de tránsito モストラドル デ トランシト	拍手	aplauso アプラウソ	旗	bandera バンデラ
乗り物酔い	mareo en vehículos メレオ エン ベイクロス	博物館	museo ムセオ	肌	piel ピエル
乗る	montar モンタル	博覧会	feria フェリア	バター	mantequilla マンテキジャ
は		箱	caja カハ	蜂蜜	miel ミエル
歯	diente／muela ディエンテ／ムエラ	はさみ	tijeras ティヘラ	バッグ	bolso ボルソ
バー	bar バル	橋	puente プエンテ	バッテリー	batería バテリア
バーゲン	rebajas レバハス	はし(箸)	palillos パリジョス	派手	llamativo ジャマティボ
パーティ	fiesta フィエスタ	始まる	empezar エンペサル	花	flor フロル
肺炎	pulmonía プルモニア	パジャマ	pijama ピハマ	鼻	nariz ナリス
バイキング	bufé ブフェ	場所	lugar ルガル	母	madre マドレ
灰皿	cenicero セニセロ	バス	autobús アウトブス	歯ブラシ	cepillo de dientes セピジョ デ ディエンテス
俳優	actor アクトル	バスタオル	toalla de baño トアジャ デ バニョ	葉巻	puro プロ
入る	entrar エントラル	バスタブ	bañera バニェラ	浜辺	playa プラジャ
ハエ	mosca モスカ	バスタブ付き	con bañera コン バニェラ	歯磨き粉	pasta de dientes パスタ デ ディエンテス
パエーリャ	paella パエジャ	バス付き	con baño コン バンニョ	早く	rápido ラピド
ハガキ	tarjeta postal タルヘタ ポスタル	バス停	parada de autobús パラダス デ アウトブス	払う	pagar パガル
はかり	medida メディダ	パスポート(旅券)	pasaporte パサポルテ	パラソル	sombrilla ソンブリジャ
吐き気	náuseas ナウセアス	バス路線図	plano línea de autobuses プラノ リネア デ アウトブセス	針	aguja アグハ
吐く	vomitar ボミタル	パソコン	ordenador personal オルデナドル ペルソナル	春	primavera プリマベラ
				バルコニー	balcón バルコン

基本会話

見どころ

グルメ

ショッピング

ビューティ

エンタメ

ホテル

乗りもの

基本情報

単語集

晴れ	despejado デスペハド	日	día ディア	左	izquierda イスキエルダ
バレエ	ballet バレ	ピアス	pendientes ペンディエンテス	左へ曲がる	girar a la izquierda ヒラル ア ラ イスキエルダ
パン	pan パン	ビーチ	melocotón メロコトン	日付	fecha フェチャ
バン(車)	furgoneta フルゴネッタ	ビール	cerveza セルベサ	必需品	artículos indispensables アルティクロス インディスペンサブレス
ハンガー	percha ペルチャ	日帰り観光	visita turística de un día ビシタ トゥリスティカ デ ウン ディア	必要	necesario ネセサリオ
繁華街	zona comercial ソナ コメルシアル	日帰り旅行	viaje de un día ビアヘ デ ウン ディア	ビデオ カメラ	cámara de video カマラ デ ビデオ
ハンカチ	pañuelo パニュエロ	皮革	cuero クエロ	ひどく痛い	duele mucho ドゥエレ ムチョ
パンク	pinchazo ピンチャソ	皮革製品	artículos de cuero アルティクロス デ クエロ	1人あたり	por persona ポル ペルソナ
番号	número ヌメロ	東	este エステ	皮膚	piel ピエル
番号案内	guía telefónica ギア テレフォニカ	引き出し	cajón カホン	秘密	secreto セクレト
絆創膏	esparadrapo エスパラドラポ	引く	tirar ティラル	100ユーロ 紙幣	billete de 100 euros ビジェテ デ シェン エウロス
半袖	manga corta マンガ コルタ	悲劇	tragedia トラヘディア	日焼け	bronceado ブロセアド
反対する	oponerse オポネルセ	髭剃り	afeitado アフェイタド	日焼け止め クリーム	crema protección solar クレマ プロテクシオン ソラル
ハンドル	volante ボランテ	飛行機	avión アビオン	ビュッフェ	bufé ブフェ
半日の	de medio día デ メディオ ディア	ビザ(査証)	visado ビサド	費用	gastos ガストス
ハンバーガー	hamburguesa アンブルゲサ	美術館	museo de arte ムセオ デ アルテ	秒	segundos セグンドス
パンフレット	folleto フォジェト	非常口	salida de emergencia サリダ デ エメルヘンシア	美容液	suero facial スエロ ファシアル
半分	mitad ／ media ミタ／メディア	非常ボタン	botón de emergencia ボトン デ エメルヘンシア		
ひ		火	fuego フエゴ		

187

病院	hospital オスピタル	風景画	cuadro de paisaje クアドロ パイサヘ	船	barco バルコ
美容院	clínica estética クリニカ エステティカ	封書	carta cerrada カルタ セラダ	船に乗る	embarcar エンバルカル
病気	enfermedad エンフェルメダ	ブーツ	botas ボタス	冬	invierno インビィエルノ
表紙	portada ポルタダ	封筒	sobre ソブレ	フライト	vuelo ブエロ
標識	señalización セニャリサシオン	プール	piscina ピシナ	フライパン	sartén サルテン
漂白剤	blanqueador ブランケアドル	フェリー	ferry フェリ	ブラウス	blusa ブルサ
昼の部 (マチネ)	sesión matinal セシオン マティナル	フォーク	tenedor テネドル	ブラジャー	sujetador スヘタドル
ヒロイン	heroína エロイナ	付加価値税 (IVA)	Impuesto sobre Valor Añadido インプエスト ソブレ バロル アニャディド	フラッシュ	flash フラシュ
拾う	recoger レコヘル	服	ropa ロパ	フラッシュ 禁止	prohibido flash プロイビド フラシュ
広場	plaza プラサ	服装の きまり	código de vestimenta コディゴ デ ベスティメンタ	プラット ホーム	andén アンデン
瓶	jarrón ハロン			フラメンコ	flamenco フラメンコ
便	avión アビオン	腹痛	dolor de vientre ドロル デ ビィエントレ	フランス 料理	comida francesa コミダ フランセサ
敏感肌	piel sensible ピエル センシブレ	含む	incluir インクルイル	ブランド	de marca デ マルカ
貧血	anemia アネミア	袋	bolsa ボルサ	不良品	mercancía defectuosa メルカンシア デフェクトサ
品質	calidad カリダ	婦人科医	ginecólogo ヒネコロゴ		
便箋	papel de cartas パペル デ カルタス	婦人用	para señoras パラ セニョラス	プリンター	impresora インプレソラ
便名	número de vuelo ヌメロ デ ブエロ	舞台	escenario エスセナリオ	古い	antiguo／viejo アンティグオ／ビエホ
ふ		物価	precios プレシオス	ブレーキ	freno フレノ
ファスト フード	comida rápida コミダ ラピダ	船便	correo marítimo コレオ マリティモ	風呂	bañera バニェラ
ファンデー ション	base de maquillaje バセ デ マキジャヘ	船酔い	mareo de barco マレオ デ バルコ	ブロー	peinado al viento ペイナド アル ビエント

ブローチ	broche ブロチェ	
プログラム	programa プログラマ	
ブロック (街区)	bloque ブロケ	
プロレス	lucha libre profesional ルチャ リブレ プロフェシオナル	
フロント	recepción レセプシオン	
雰囲気	atmósfera アトモスフェラ	
文化	cultura クルトゥラ	
紛失物	objetos perdidos オブヘトス ペルディドス	
紛失報告書	declaración de objetos perdidos デクララシオン デ オブヘトス ペルディドス	
噴水	fuente フエンテ	
文法	gramática グラマティカ	
文房具店	papelería パペレリア	

へ

ヘアブラシ	cepillo de pelo セピジョ デ ペロ	
閉館時間	hora de cierre オラ デ シィエレ	
平均	estándar エスタンダル	
閉鎖	cierre シィエレ	
平日	días laborables ディアス ラボラブレス	

閉店	cerrado セラド	
平和	paz パス	
別室	sala aparte サラ アパルテ	
ベッド	cama カマ	
ヘッドフォン	auriculares アウディクラレス	
別々に	por separado ポル セパラド	
別々に払う	pagar por separado パガル ポル セパラド	
別料金	pago por separado パゴ ポル セパラド	
ヘビ	serpiente セルピエンテ	
ベビーカー	carrito de niños カリト デ ニンニョス	
部屋	habitación アビタシオン	
部屋代	precio de habitación プレシオ デ アビタシオン	
部屋の鍵	llave de habitación ジャベ デ アビタシオン	
部屋番号	número de habitación ヌメロ デ アビタシオン	
ベランダ	terraza テラサ	
ヘリコプター	helicóptero エリコプテロ	
ベルト	cinturón シントゥロン	
ペン	bolígrafo ボリグラフォ	
勉強	estudio エストゥディオ	

弁護士	abogado アボガド	
便座／便器	taza de retrete ／ retrete タサ デ レトレテ／ レトレテ	
弁償	indemnización インデムニサシオン	
弁償する	indemnizar インデミニサル	
ペンダント	colgante コルガンテ	
ベンチ	banco バンコ	
弁当	comida para llevar コミダ パラ ジェバル	
扁桃腺炎	amigdalitis アミグダリティス	
変な音	sonido raro ソニド ラロ	
便秘	estreñimiento エストレニャミエント	
便秘薬	medicina para el estreñimiento メディシナ パラ エストレニャミエント	
返品する	devolución de compra デボルシオン デ コンプラ	
便利な	conveniente ／ práctico コンベニエンテ／ プラクティコ	

ほ

棒	palo パロ	
貿易	comercio コメルシオ	
方角	dirección ディレクシオン	

189

帽子	sombrero ソンブレロ	保証金 (前金)	anticipo アンティシポ	本屋	librería リブレリア
宝石	joyas ホジャス	保証書	garantía ガランティア	翻訳	traducción トラドゥクシオン
宝石店	joyería ホジェリア	ポスト	buzón ブソン	**ま**	
包装	envoltorio エンボルトリオ	ボストン バッグ	bolso de equipaje ボルソ デ エキパヘ	マーマ レード	mermelada メルメラダ
包帯	venda ベンダ	ボタン	botón ボトン	迷子	niño perdido ニーニョ ペルディド
包丁	cuchillo クチジョ	墓地	cementerio セメンテリオ	毎日	cada día カダ ディア
暴動	revuelta レブエルタ	ホッチキス	grapadora グラペドラ	前売券	venta anticipada ベンタ アンティシパダ
方法	método メトド	ホット ケーキ	tortita トルティタ	前髪	flequillo フレキジョ
法律	ley レイ	ホット ドッグ	perrito caliente ペリト カリエンテ	曲がる	girar ヒラル
ポーター	mozo de equipajes モソ デ エキパヘス	ホテル	hotel オテル	幕間	entreacto エントレアクト
ボート	barca バルカ	ホテル リスト	lista de hotel リスタ デ オテル	枕	almohada アルモアダ
ボールペン	bolígrafo ボリグラフォ	歩道	acera アセラ	孫	nieto ニエト
ボクシング	boxeo ボクセオ	哺乳瓶	biberón ビベロン	まずい	insípido インシピド
ポケット	bolsillo ボルシジョ	骨	hueso ウエソ	貧しい	pobre ポブレ
保険	seguro セグロ	ボランティア	voluntario ボルンタリオ	マスタード	mostaza モスタサ
保険会社	compañía de seguros コンパニャ デ セグロス	ポリエステル	poliéster ポリエステル	混ぜ合わ せた	mezclado メスクラド
歩行者優先	preferencia peatones プレフェレンシア ペアトネス	ポロシャツ	polo ポロ	街／町	calle ／ ciudad カジェ／シウダ
		本	libro リブロ	待合室	sala de espera サラ デ エスペラ
ほこり	polvo ポルボ	ほんの少し	un poquito ウン ポキト	間違う	equivocarse エキボカルセ
星	estrella エストレジャ	本物	auténtico アウテンティコ	待つ	esperar エスペラル

190

マッサージ	masaje マサヘ
マッシュルーム	seta セタ
マッチ	cerillas セリジャス
祭り	fiesta フィエスタ
窓／ウインドー	ventana ベンタナ
窓側の席	asiento de ventana アシエント デ ベンタナ
マナー	modales モダレス
マニキュア	manicura メニクラ
マフラー	bufanda ブファンダ
マヨネーズ	mayonesa マヨネサ
マラソン	maratón マラトン
丸い	redondo レドンド
漫画	manga マンガ
満席	entradas agotadas エントラダス アゴタダス
満足	satisfacción サティスファクシオン
真ん中	centro セントロ

み

右	derecha デレチャ
右へ曲がる	girar a la derecha ヒラル ア ラ デレチャ
岬	cabo カボ
短い	corto コルト
水	agua アグア
湖	lago ラゴ
水着	bañador バニャドル
水を流す	echar agua エチャル アグア
店	tienda ティエンダ
味噌	pasta de miso パスタ デ ミソ
道	camino カミノ
道順	ruta ルタ
道で	en el camino エン エル カミノ
道に迷う	perderse ペルデルセ
緑	verde ベルデ
港	puerto プエルト
南	sur スル
ミニバー	mini bar ミニ バル
ミネラルウォーター	agua mineral アグア ミネラル
身分証明書	carné de identidad カルネ デ イデンティダ
脈拍	pulsación プルサシオン
みやげ	souvenir スベニル
ミュージカル	musical ムシカル
見る	ver ベル
ミルクティ	té con leche テ コン レチェ
民芸品店	tienda de artesanía ティエンダ デ アルテサニア

む

迎えに行く	ir a esperar イル ア エスペラル
昔	antiguamente アンティグアメンテ
無効	nulidad ヌリダ
虫	insecto インセクト
無地	sin diseño シン ディセニョ
蒸した	al vapor アル バポル
難しい	difícil ディフィシル
息子	hijo イホ
娘	hija イハ
無制限	ilimitado イリミタド
無駄	inutilidad イヌティリダ
無着色	sin color シン コロル
無添加	sin aditivos シン アディティボ
村	pueblo プエブロ

無料	gratis グラティス

め

明細	detalle デタジェ
名所	lugar de interés ルガル デ インテレス
メイド	asistenta アシステンシア
眼鏡	gafas ガファス
眼鏡店	óptica オプティカ
目薬	colirio コリリオ
目覚まし時計	reloj despertador レロホ デスペルタドル
目印	señal セニャル
珍しい	fuera de lo normal フエラ デ ロ ノルマル
目玉焼き	huevos fritos ウエボス フリトス
メニュー	menú メヌ
めまいがする	marearse マレアルセ
綿	algodón アルゴドン
麺	fideos フィデオス
免税	libre de impuestos リブレ デ インプエストス
免税店	tienda libre de impuestos ティエンダ リブレ デ インプエストス
免税品	producto exento de impuestos プロドクト エクセント デ インプエストス
綿素材	tejido de algodón テヒド デ アルゴドン

も

もう一度	una vez más ウナ ベス マス
申込み	solicitud ソリシトゥ
毛布	manta マンタ
モーニングコール	llamada despertador ジャマダ デスペルタドル
目的	objetivo オブヘティボ
目的地	lugar de destino ルガル デスティノ
文字	letra レトラ
もしもし	hola オラ
持ち帰り（テイクアウト）	para llevar パラ ジェバル
持ち込み禁止品	prohibido llevar comida プロイビド ジェバル コミダ
持ち主	dueño ドゥエニョ
持ってくる	traer トラエル
もっと大きい	más grande マス グランデ
もっと小さい	más pequeño マス ペケニョ
もっと安い	más barato マス バラト
もっと良い	mejor メホル
戻ってくる	volver ボルベル
模様	estampado エスタンパド
森	bosque ボスケ
門	puerta プエルタ
文句	queja ケハ

や

焼いた	asado アサド
やかん	tetera テテラ
焼く	asar アサル
役者	actor アクトル
約束	promesa プロメサ
夜景	paisaje nocturno パイサヘ ノクトゥルノ
やけど	quemadura ケマドゥラ
野菜	verduras ベルドゥラス
やさしい	amable アマブレ
安い	barato バラト
安売り店	tienda de rebajas ティエンダ デ レバハス
薬局	farmacia ファルマシア
屋根	tejado テハド

| 山 | montaña モンタニャ |
| 山側の | lado montaña ラド モンタニャ |

ゆ

湯	agua caliente アグア カリエンテ
遊園地	parque de atracciones バルケ デ アトラクシオネス
夕方の便	vuelo al atardecer ブエロ アル アタルデセル
有効	válido バリド
有効期間	periodo de validez ベリオド デ バリデス
有効にする	validar バリダル
友情	amistad アミスタ
夕食	cena セナ
友人	amigo アミゴ
ユース ホステル	albergue juvenil アルベルゲ フベニル
郵便	correo コレオ
郵便局	oficina de correos オフィシナ デ コレオス
郵便番号	código postal コディゴ ポスタル
郵便料金	franqueo フランケオ
有名	fama ファマ
有名な	famoso ファモソ

ユーモア	humor ウモル
遊覧船	ferry フェリー
有料トイレ	lavabo de pago ラバボ デ パゴ
有料道路	carretera de peaje カレテラ デ ペアヘ
有料の	de pago デ パゴ
床	suelo スエロ
雪	nieve ニエベ
輸血	transfusión トランスフシオン
ゆでた	hervir エルビル
ゆで卵	huevo hervido ウエボ エルビド
輸入	importación インポルタシオン
指輪	anillo アニジョ
夢	sueño スエニョ
ゆるい	ancho アンチョ

よ

酔う (酒などに)	emborracharse エンボラチャルセ
用具	herramientas エラミエンタス
ようじ	palillos パリジョス
様子	aspecto アスペクト
曜日	día de la semana ディア デ ラ セマナ

洋服タンス	armario ropero アルマリオ ロペロ
洋服店 (紳士)	tienda de ropa de caballeros ティエンダ デ ロバ デ カバジェロス
洋服店 (婦人)	tienda de ropa de señoras ティエンダ デ ロバ デ セニョラス
ヨーグルト	yogur ヨグル
浴室	sala de baños サラ デ バニョス
浴槽	bañera バニェラ
横	lado ラド
横になる	acostarse アコスタルセ
汚れ	mancha マンチャ
予算	presupuesto プレスプエスト
予想	previsión プレビシオン
予定	programa プログラマ
夜中	a medianoche ア メディアノチェ
呼び出し ボタン	botón llamada ボトン ジャマダ
予約	reserva レセルバ
予約確認票	resguardo de confirmación de reserva レスグアルド デ コンフィルマシオン デ レセルバ
予約する	hacer una reserva アセル ウナ レセルバ

基本会話
見どころ
グルメ
ショッピング
ビューティ
エンタメ
ホテル
乗りもの
基本情報
単語集

予約席	asiento reservado	アシェント レセルバド
予約リスト	lista de reserva	リスタ デ レセルバ
夜	noche	ノチェ

ら

来月	próximo mes	プロクシモ メス
来週	próxima semana	プロクシマ セマナ
ライター	encendedor	エンセンデドル
来年	próximo año	プロクシモ アニョ
ラケット	raqueta	ラケタ
ラジオ	radio	ラディオ
ラベル	etiqueta	エティケタ
ランプ	lámpara	ランパラ

り

理解する	comprender	コンプレンデル
リスト	lista	リスタ
リムジンバス	autobús limusina	アウトブス リムシナ
理由	razón	ラソン
両替	cambio divisas	カンビオ ディビサス
両替所	oficina de cambio de divisas	オフィシナ デ カンビオ デ ディビサス
料金	tarifa	タリファ
料金表	lista de precios	リスタ デ プレシオス
料金メーター	taxímetro	タクシメトロ
漁師	pescador	ペスカドル
領収書	recibo	レシボ
両親	padres	パドレス
料理	cocina	コシナ
旅行	viaje	ビアヘ
旅行会社	agencia de viajes	アヘンシア デ ビアヘス
離陸	despegue	デスペゲ
隣人	vecino	ベシノ
リンス	acondicionador	アコンディシオナドル

る

ルームサービス	servicio de habitaciones	セルビシオ デ アビタシオネス
ルームサービス代	precio servicio de habitaciones	プレシオ セルビシオ デ アビタシオネス
ルームメイト	compañero de habitación	コンパニェロ デ アビタシオン
ルーレット	ruleta	ルレタ
留守	ausencia	アウセンシア

れ

冷蔵庫	frigorífico	フリゴリフィコ
冷房	aire acondicionado	アイレ アコンディシオナド
レイルパス	pase de ferrocarril	パセ デ フェロカリル
レーヨン	rayón	ラジョン
歴史	historia	イストリア
レギュラーガソリン	gasolina regular	ガソリナ レグラル
レコード店	tienda de discos	ティエンダ デ ディスコス
レジ	caja registradora	カハ レヒストラドラ
レシート	recibo	レシボ
レストラン	restaurante	レスタウランテ
列車	tren	トレン
列車内で	vagón／coche de tren	バゴン／コチェ デ トレン
レベル	nivel	ニベル
レモン	limón	リモン
連休	puente festivo	プエンテ フェスティボ
レンズ	lentes	レンテス
レンタカー	coche de alquiler	コチェ デ アルキレル

連泊する	estancia continuada エスタンシア コンティヌアダ
連絡先	dirección de contacto ディレクシオン デ コンタクト

ろ

廊下	pasillo パシジョ
老人	persona mayor ペルソナ マジョル
ろうそく	vela ベラ
ローマ字	letra latina レトラ ラティナ
ロールパン	panecillo パネシジョ
路線図	plano de líneas プラノ デ リネアス
ロッカー	taquilla タキジャ
ロビー	lobby ロビ

わ

ワイシャツ	camisa カミサ
ワイン	vino ビノ
ワインオープナー	sacacorchos サカコルチョス
ワインリスト	lista de vinos リスタ デ ビノ
ワインを一杯	una copa de vino ウナ コパ デ ビノ
若い	joven ホベン
輪ゴム	goma ゴマ

忘れる	olvidar オルビダル
ワッフル	gofre ゴフレ
割り勘	pagar a escote パガル ア エスコテ
割引き	rebaja レバハ
割増料金	suplemento スプレメント
割れ物	objeto frágil オブヘト フラヒル
湾	bahía バイア
ワンピース	vestido de una pieza ベスティド デ ウナ ピエサ

基本会話

見どころ

グルメ

ショッピング

ビューティ

エンタメ

ホテル

乗りもの

基本情報

単語集

単語集 (西和)

Spanish ──→ Japanese

	A
abierto アビエルト	開店
abierto アビエルト	営業中
abierto las 24 horas アビエルト ラス ベンテ クアトロ オラス	24時間 営業
abrir アブリル	開ける
accidente アクシデンテ	事故
accidente de tráfico アクシデンテ デ トラフィコ	交通事故
ácido アシド	すっぱい
acondicionador アコンディシオナドル	リンス
acuario アクアリオ	水族館
aduanas アドゥアナス	税関
advertencia アドベルテンシア	注意
aeropuerto アエロプエルト	空港
agotado アゴタド	売り切れ
agua アグア	水
agua caliente アグア カリエンテ	湯

agua mineral アグア ミネラル	ミネラル ウォーター
agua mineral con gas アグア ミネラル コン ガス	炭酸入りの 水
agua mineral sin gas アグア ミネラル シン ガス	炭酸なしの 水
aire acondicionado アイレ アコンディシオナド	エアコン
ajo アホ	ニンニク
a la carta ア ラ カルタ	一品料理
al contado アル コンタド	現金で
alergia アレルヒア	アレルギー
algodón アルゴドン	コットン／ 綿
almohada アルモアダ	枕
alto アルト	高い
altura アルトゥラ	高さ
a mano ア マノ	手製の
ambulancia アンブランシア	救急車
ancho アンチョ	広い

anemia アネミア	貧血
anestesia アネステシア	麻酔
anillo アニジョ	指輪
aniversario アニベルサリオ	記念日
antiguamente アンティグアメンテ	昔
antiguo アンティグオ	古い
antipirético アンティピレティコ	解熱剤
anuncio アヌンシオ	広告
apagón アパゴン	停電
aparcamiento アパルカミエント	駐車場
apetito アペティート	食欲
aplazar アプラサル	延期する
arriba アリバ	上
arroz アロス	米
artesanía アルテサニア	手芸品
asiento アシエント	座席／席
asiento de fumador アシエント デ フマドル	喫煙席

asiento libre アシェント リブレ	自由席
asiento reservado アシェント レセルバド	指定席／予約席
asma アスマ	ぜんそく
aspirina アスピリナ	アスピリン
autobús アウトブス	バス
autobús larga distancia アウトブス ラルガ ディスタンシア	長距離バス
autobús limusina アウトブス リムシナ	リムジンバス
autobús turístico アウトブス トゥリスティコ	観光バス
automóvil アウトモビル	自動車
autoservicio アウトセルビシオ	セルフサービス
avión アビオン	飛行機
aviso アビソ	警報
ayer アジェル	昨日
azúcar アスカル	砂糖
azul アスル	青

B

banco バンコ	銀行
bar バル	バル
barato バラト	安い

barco バルコ	船
bebé ベベ	赤ん坊
bebida ベビダ	飲み物
béisbol ベイスボル	野球
béisbol profesional ベイスボル プロフェシオナル	プロ野球
biblioteca ビブリオテカ	図書館
bicicleta ビシクレタ	自転車
billete ビジェテ	切符
billete de avión ビジェテ デ アビオン	航空券
billete de entrada ビジェテ デ エントラダ	入場料
billete de ida ビジェテ デ イダ	片道切符
billete de ida y vuelta ビジェテ デ イダ イ ブエルタ	往復切符
billetero ビジェテロ	財布
blanco ブランコ	白い
bolsa de papel ボルサ デ パペル	紙袋
bolso ボルソ	バッグ
bonito ボニト	かわいい
bono ボノ	回数券

botón lavado ボトン ラバド	洗浄ボタン
bufanda ブファンダ	マフラー
bufé ブフェ	バイキング
buscar ブスカル	探す
buzón ブソン	ポスト

C

cabaré カバレー	キャバレー
cafetería カフェテリア	カフェテリア
caja fuerte カハ フエルテ	金庫／セーフティ・ボックス
calcetines カルセティネス	靴下
calefacción カレファクシオン	暖房
caliente カリエンテ	熱い
calle カジェ	通り
calle sin salida カジェ シン サリダ	行き止まり
calle urbana カジェ ウルバナ	市街
calmante カルマンテ	鎮痛剤
cama カマ	ベッド
cama extra カマ エクストラ	エキストラベッド
cámara カマラ	カメラ
cámara digital カマラ ディヒタル	デジタルカメラ

cambio カンビオ	お釣り	cerámicas セラミカス	陶磁器	color コロル	色
camino カミノ	道	cerezas セレサス	サクランボ	comedor コメドル	食堂
cancelar カンセラル	取り消す	cerrar セラル	閉める	comida コミダ	食事／料理
cansarse カンサルセ	疲れる	cerveza セルベサ	ビール	comisaría de policía コミサリア　デ ポリシア	警察署
caramelo カラメロ	あめ	chaleco salvavidas チャレコ　サルバビダス	救命胴衣	comisión コミシオン	手数料
carne de cerdo カルネ　デ　セルド	豚肉	champú チャンプー	シャンプー	comprar コンプラル	買う
carne de cordero カルネ　デ　コルデロ	仔羊肉	cheque チェケ	小切手	compras コンプラス	買い物
carne de pollo カルネ　デ　ポジョ	鶏肉	cheques de viaje チェケス　デ　ビアヘ	トラベラー ズチェック	condimentos コンディメントス	調味料
carne de ternera カルネ　デ　テルネラ	仔牛肉	chicle チクレ	ガム	conductor コンドゥクトル	運転手
caro カロ	高い(値段)	cine シネ	映画	conserje コンセルヘ	コンシェル ジュ
carta カルタ	手紙	cinturón de seguridad シントゥロン　デ セグリダ	シート ベルト	contactar コンタクタル	連絡する
carterista カルテリスタ	スリ	club nocturno クルブ　ノクトゥル	ナイト クラブ	corbata コルバタ	ネクタイ
casa カサ	家	coche de alquiler コチェ　デ　アルキレル	レンタカー	correo urgente コレオ　ウルヘンテ	速達
casino カシノ	カジノ	cocina コシナ	台所	correos コレオス	郵便／ 郵便局
catedral カテドラル	大聖堂	cocktail コクテイル	カクテル	correr コレル	走る
cejas セハス	眉毛	codo コド	肘	cortesía コルテシア	礼儀
cena セナ	夕食	colegio コレヒオ	学校	corto コルト	短い
cenicero セニセロ	灰皿	colirio コリリオ	目薬	coste de franqueo コステ　デ　フランケロ	郵便料金
centro セントロ	真ん中／ 中心	collar コジャル	ネックレス	cuchara クチャラ	スプーン
cepillo de dientes セピジョ　デ　デイエン テス	歯ブラシ				

cuchilla クチジャ	剃刀	descanso デスカンソ	休けい	dolor de cabeza ドロル　デ　カベサ	頭痛
cuello クエジョ	首	despejado デスペハド	晴れている	dolor de vientre ドロル　デ　ビエントレ	腹痛
cuenta クエンタ	会計	destinatario デスティナタリオ	宛先	ducha ドゥチャ	シャワー
cuerpo クエルポ	体	destino デスティノ	行き先		

cultura クルトゥラ	文化	detalle factura デタジェ　ファクトゥラ	明細書		
cumpleaños クンプレアニョス	誕生日	devolver mercancía デボルベル メルカンシア	返品する	**E**	
cupón クポン	クーポン	día de partida ディア　デ　パルティダ	出発日	edad エダ	年齢
D		diente／muela ディエンテ／ムエラ	歯	embajada エンバハダ	大使館
danza ダンサ	舞踊	diferencia ディフェレンシア	差額	embajada de Japón エンバハダ　デ　ハポン	日本大使館
darse prisa ダルセ　プリサ	急ぐ	difícil ディフィシル	難しい	embarque エンバルケ	搭乗
debajo デバホ	下に	dinero ディネロ	金（かね）	empresa エンプレサ	会社
declaración デクララシオン	申告	dinero en depósito ディネロ　エン　デポシト	預金	empujar エンプハル	押す
declaración de aduanas デクララシオン　デ アドゥアナス	税関申告書	dirección ディレクシオン	方角／住所	encargar エンカルガル	任せる
dedo デド	指	dirección de contacto ディレクシオン　デ コンタクト	連絡先	encontrar エンコントラル	会う
de esa región デ　エサ　レヒオン	（その） 地方の	disco ディスコ	ディスク	entrada エントラダ	入り口
de noche デ　ノチェ	夜間の	diseño ディセニョ	デザイン	entrar エントラル	入る
de pago デ　パゴ	有料の	documentos ドクメントス	書類	en uso／ comunicando エン　ウソ／ コムニカンド	使用中／ 通話中
derecha デレチャ	右	doler ドレル	痛む	enviar エンビアル	送る
desayuno デサジュノ	朝食	dolor ドロル	痛み	envolver エンボルベル	包む
				equipaje エキパヘ	手荷物
				escaleras エスカレラス	階段

escribir エスクリビル	書く	factura de teléfono ファクトゥラ デ テレフォノ	電話料金の請求書	fuera de lo común フエラ デ ロ コムン	珍しい
ese día エセ ディア	その日	falsificación ファルシフィカシオン	偽物	fuga フガ	漏れ
especial エスペシアル	特別な	familia ファミリア	家族	**G**	
espejo エスペホ	鏡	famoso ファモソ	有名な	gafas ガファス	眼鏡
estación エスタシオン	駅／季節	farmacia ファルマシア	薬局	gambas ガンバス	小エビ
estación de metro エスタシオン デ メトロ	地下鉄駅	fenómeno フェノメノ	現象	gasolina ガソリナ	ガソリン
este エステ	東	ferry フェリー	遊覧船	gasolinera ガソリネラ	ガソリンスタンド
estilo occidental エスティロ オクシデンタル	洋式	festival フェスティバル	祭り	gato ガト	猫
estreñimiento エストレニミエント	便秘	fideos フィデオス	めん	género ヘネロ	性別
estudiante エストゥディアンテ	学生	fiebre フィエブレ	熱	grandes almacenes グランデス アルマセネス	デパート
excel エクセル	エクセル	fino フィノ	薄い(厚さ)	gratis グラティス	無料
expedir de nuevo エクスペディル デ ヌエボ	再発行する	firma フィルマ	サイン／署名	grueso グルエソ	厚い
exposición エクスポシシオン	展覧会	folleto フォジェト	パンフレット	grupo sanguíneo グルポ サンギネオ	血液型
expreso エクスプレソ	特急	fotocopia フォトコピア	コピー	guía ギア	ガイドブック
exterior エクステリオル	外	fotografía フォトグラフィア	写真	**H**	
F		frágil フラヒル	壊れやすい／取扱い注意	habitación アビタシオン	部屋
fácil ファシル	簡単な	frigorífico フリゴリフィコ	冷蔵庫	habitación doble アビタシオン ドブレ	ツインルーム
facsímil ファクシミル	ファクシミリ	frío フリオ	寒い	hablar アブラル	話す
factura ファクトゥラ	請求書	frutas フルタス	果物	hacer una llamada アセル ウナ ジャマダ	電話をかける

hacer una reserva アセル ウナ レセルバ		予約する
hacer un pedido アセル ウン ペディド		注文する
herida エリダ		けが
hielo イエロ		氷
hierbas medicinales イエルバス メディシナレス		漢方薬
hija イハ		娘
hijo イホ		息子
hombro オンブロ		肩
hora de apertura オラ デ アペルトゥラ		開館（営業）時間
hora de cierre オラ デ シエレ		閉館時間
hora de embarque オラ デ エンバルケ		搭乗時間
hora de salida オラ デ サリダ		出発時間
hora fijada オラ フィハダ		定刻
hora local オラ ロカル		現地時間
horario オラリオ		時刻表
hospital オスピタル		病院
hotel オテル		ホテル
hoy オイ		今日
huésped ウエスペド		客
huevo ウエボ		卵

I

iglesia イグレシア		教会
impuestos インプエストス		税金
Impuesto sobre Valor Añadido インプエスト ソブレ バロル アニャディド		付加価値税（IVA）
infantil インファンティル		子供用
inglés イングレス		英語
insecto インセクト		虫
insípido インシピド		まずい
instantáneo インスタンタネオ		インスタント
interés インテレス		興味
internet インテルネト		インターネット
investigar インベスティガル		調査する
invitación インビタシオン		招待
inyección インジェクシオン		注射
isla イスラ		島
izquierda イスキエルダ		左

J

jabón ハボン		石けん

jardín ハルディン		庭
joven ホベン		若者
joya ホヤ		宝石
juego フエゴ		セット

K

karate カラテ		空手
ketchup ケチュプ		ケチャップ

L

lado de ventanilla ラド デ ベンタニジャ		窓側の
ladrón ラドロン		泥棒
lámpara ランパラ		ランプ／電灯
lana ラナ		ウール
largo ラルゴ		長い
lavandería ラバンデリア		クリーニング
leche レチェ		牛乳
lejos レホス		遠い
libre de impuestos リブレ デ インプエストス		免税
librería リブレリア		書店
libro リブロ		本

licencia de conducir internacional リセンシア デ コンドゥシル インテルナショナル	国際運転免許証	mancha マンチャ	しみ	mercado メルカド	市場
		manicura マニクラ	マニキュア	mermelada メルメラダ	マーマレード
ligero リヘロ	軽い	mano マノ	手	mesa メサ	テーブル
limpiando リンピアンド	掃除中	manta マンタ	毛布	metro メトロ	地下鉄
limpiar リンピアル	掃除する	manual de explicación マヌアル デ エクスプリカシオン	説明書	moneda モネダ	硬貨
lino リノ	麻	mapa マパ	地図	montaña モンタニャ	山
líquido リキド	液体	mapa de la ciudad マパ デ ラ シウダ	市街地図	montañismo モンタニスモ	登山
lista リスタ	表			montura de gafas モントゥラ デ ガファス	眼鏡のフレーム
lista de precios リスタ デ プレシオス	料金表	máquina expendedora マキナ エクスペンデドラ	自動販売機	mosquito モスキト	蚊
lista de vinos リスタ デ ビノス	ワインリスト	masaje マサヘ	マッサージ	muebles ムエブレス	家具
llamada a cobro revertido ジャマダ ア コブロ レベルティド	コレクトコール	mayonesa マヨネサ	マヨネーズ	muestra ムエストラ	見本
		medicina メディシナ	薬	mujer ムヘル	女性
llamada de larga distancia ジャマダ デ ラルガ ディスタンシア	長距離電話	medicina para el estreñimiento メディシナ パラ エル エストレニミエント	便秘薬	mundo ムンド	世界
llamada despertador ジャマダ デスペルタドル	モーニングコール	medicina para el resfriado メディシナ パラ レス フリアド	風邪薬	museo ムセオ	博物館
				música ムシカ	音楽
llamada urbana ジャマダ ウルバナ	市内通話	médico メディコ	医者	muy rico ムイ リコ	おいしい
llegada ジェガダ	到着	medida メディダ	はかり	**N**	
lluvia ジュビア	雨	mensaje メンサヘ	メッセージ	nabo ナボ	大根
M		menú メヌ	メニュー	nacional ナショナル	国立の
mañana マニャナ	朝／明日			nacionalidad ナショナリダ	国籍

natación ナタシオン	水泳	
naturaleza ナトゥラレサ	自然	
nieve ニエベ	雪	
nombre ノンブレ	名前	
norte ノルテ	北	
noticias ノテイシアス	ニュース	
nuevo ヌエボ	新しい	
número ヌメロ	番号	
número de asiento ヌメロ デ アシエント	座席番号	
número de habitación ヌメロ デ アビタシオン	部屋番号	
número de reserva ヌメロ デ レセルバ	予約番号	
número de teléfono ヌメロ デ テレフォノ	電話番号	
número de vuelo ヌメロ デ ブエロ	便名	
número secreto ヌメロ セクレト	暗証番号	

O

objetivo オブヘティボ	目的
objetos a declarar オブヘトス ア デクララル	申告品
objetos perdidos オブヘトス ベルディドス	紛失物

objetos valiosos オブヘトス バリオソス	貴重品
oeste オエステ	西
oficina de cambio オフィシナ デ カンビオ	両替所
oficina de cambio de divisas オフィシナ デ カンビオ デ ディビサス	公認両替商
oficina de información オフィシナ デ インフォルマシオン	案内所
oficina de objetos perdidos オフィシナ デ オブヘトス ベルディドス	遺失物取扱所
oficina de turismo オフィシナ デ トゥリスモ	観光案内所
operación オペラシオン	手術
ordenador personal オルデナドル ベルソナル	パソコン
ordenar オルデナル	整理する
oscuro オスクロ	暗い

P

pagar después パガル デスプエス	後払いする
pago por separado パゴ ポル セパラド	別料金
país パイス	国
paisaje パイサヘ	景色

pajita パヒタ	ストロー
palabra パラブラ	ことば
palillos パリジョス	箸
panadería パナデリア	パン屋
pantalones パンタロネス	ズボン
pañuelo パニュエロ	ハンカチ／スカーフ
papelera パペレラ	ごみ箱
parada de autobús パラダ デ アウトブス	バス停
parada de autobús (de larga distancia) パラダ デ アウトブス (デ ラルガ ディスタンシア)	停留所（長距離バスの）
parada de taxis パラダ デ タクシィ	タクシー乗り場
parte de accidente パルテ デ アクシデンテ	事故証明書
pasado mañana パサド マニャナ	明後日
pasaporte パサポルテ	パスポート（旅券）
pasillo パシジョ	廊下
pegamento ベガメント	のり
película ベリクラ	映画
peligro ベリグロ	危険
pérdida ベルディダ	紛失

periódico ペリオディコ	新聞	precio プレシオ	値段／物価	profesión プロフェシオン	職業
permanente ペルマネンテ	パーマ	precio establecido プレシオ エスタブレシド	正札価格	profundo プロフンド	深い
perro ペロ	犬			programa プログラマ	プログラム
pesado ペサド	重い	precio de la estancia プレシオ デ ラ エスタンシア	宿泊料	programa／plan プログラマ／プラン	予定
pesca ペスカ	釣り	precio de la habitación プレシオ デ ラ アビタシオン	部屋代	prohibido aparcar プロイビド アパルカル	駐車禁止
piel ピエル	皮膚	precio del taxi プレシオ デル タクシィ	タクシー料金	prohibido flash プロイビド フラシュ	フラッシュ禁止
pimienta ピミエンタ	コショウ			prohibido fumar プロイビド フマル	禁煙
pimiento rojo ピミエント ロホ	唐辛子	precio del tour プレシオ デル トゥル	ツアー料金	prohibido hacer fotos プロイビド アセル フォトス	撮影禁止
pintalabios ピンタラビオス	口紅	precio de servicio プレシオ デ セルビシオ	サービス料		
pinturas en el techo ピントゥラス エン エル テチョ	天井画	precio de transporte／tarifa プレシオ デ トランスポルテ／タリファ	運賃	propina プロピナ	チップ
piso ピソ	アパート	precio mínimo プレシオ ミニモ	最低料金	puerta de embarque プエルタ デ エンバルケ	搭乗ゲート
plancha プランチャ	アイロン	presidente プレシデンテ	大統領	puesto de policía プエスト デ ポリシア	派出所
plano de líneas プラノ デ リネアス	路線図	presión arterial プレシオン アルテリアル	血圧	puro プロ	純粋な
plata プラタ	銀	previsión プレビシオン	予想／予報		
plato プラト	皿	previsión del tiempo プレビシオン デル ティエンポ	天気予報	**Q**	
				quemadura ケマドゥラ	やけど
plazo de validez プラソ デ バリデス	有効期間	primer plato プリメル プラト	前菜	**R**	
policía ポリシア	警察	primer tren プリメル トレン	始発列車	radio ラディオ	ラジオ
posible ポシブレ	可能	producto de la región プロドゥクト デ ラ レヒオン	特産品	rápido ラピド	速い
postre ポストレ	デザート			rayos X ラジョス エキス	レントゲン

rebaja レバハ	割引き／ バーゲン	resfriado レスフリアド	風邪	sastre サストレ	仕立屋 （紳士服の）
recepción レセプシオン	フロント	restaurante レスタウランテ	レストラン	secador de pelo セカドル　デ　ペロ	ドライヤー
receta médica レセタ　メディカ	処方箋	restos arqueológicos レストス アルケオロヒコス	遺跡	secreto セクレト	秘密
recibir レシビル	受け取る	resultado レスルタド	結果	seda セダ	絹
recibo レシボ	領収書	río リオ	川	seguridad セグリダ	安全
reconfirmar レコンフィルマル	再確認す る	robo ロボ	盗難	seguro セグロ	保険
recordar レコルダル	思い出す	rojo ロホ	赤	sello セジョ	切手
recto レクト	まっすぐ	ruidoso ルイドソ	うるさい	sencillo／simple センシジョ／シンプレ	簡単な／ 質素な
regalo レガロ	贈り物			separado セパラド	別々の
región レヒオン	地域／地方	**S**		ser diferente セル　ディフェレンテ	違う
registro de entrada レヒストロ　デ エントラダ	チェック イン	sacacorchos サカコルチョス	栓抜き	servicio／lavabo セルビシオ／ラバボ	トイレ
registro de salida レヒストロ　デ　サリダ	チェック アウト	sal サル	塩	servicio de habitaciones セルビシオ　デ アビタシオネス	ルーム サービス
reglamento レグラメント	規則	sala de descanso サラ　デ　デスカンソ	休憩室	silla de ruedas シジャ　デ　ルエダス	車椅子
regresar レグレサル	帰る	sala de espera サラ　デ　エスペラ	待合室	sin aditivos シン　アディティボス	無添加
religión レリヒオン	宗教	sala de espera de salidas サラ　デ　エスペラ　デ サリダス	出発ロビー	sin colorantes シン　コロランテス	無着色
reloj レロホ	時計	salado サラド	塩辛い	sobre ソブレ	封筒
reloj despertador レロホ　デスペルタドル	目覚し時計	salida サリダ	出発／出口	sombrero ソンブレロ	帽子
representación レプレセンタシオン	上演	salida de emergencia サリダ　デ エメルヘンシア	非常口	suave スアベ	柔らかい
reserva レセルバ	予約	sangre サングレ	血	subir スビル	乗る

基本会話

見どころ

グルメ

ショッピング

ビューティ

エンタメ

ホテル

乗りもの

基本情報

単語集

sudor / スドル	汗
suma total / スマ トタル	合計
superficial / スペルフィシアル	浅い／表面の
supermercado / スペルメルカド	スーパーマーケット

T

tabaco / タバコ	たばこ
tamaño / タマニョ	サイズ
taquilla / タキジャ	切符売場
tarjeta de crédito / タルヘタ デ クレディト	クレジットカード
tarjeta de desembarque / タルヘタ デ デスエンバルケ	入国カード
tarjeta de embarque / タルヘタ デ エンバルケ	搭乗券／出国カード
tarjeta de visita / タルヘタ デ ビシタ	名刺
tarjeta postal / タルヘタ ポスタル	絵はがき
tasas / タサス	税金
tasas aeroportuarias / タサス アエロポルトゥアリアス	空港税
taxi / タクシィ	タクシー
taza de retrete / タサ デ レトレテ	便器
té / テ	紅茶

teatro / テアトロ	劇場
tejado / テハド	屋根
tejidos de lana / テヒドス デ ラナ	毛織物
teléfono / テレフォノ	電話
teléfono móvil / テレフォオノ モビル	携帯電話
telegrama / テレグラマ	電報
televisión / テレビシオン	テレビ
temperatura / temperatura corporal / テンペラトゥラ／テンペラトゥラ コルポラル	気温／体温
templo / テンプロ	寺
tener una hemorragia / テネル ウナ エモラヒア	出血する
tenis / テニス	テニス
termómetro / テルモメトロ	体温計
tetería / テテリア	喫茶店
tía / ティア	叔母／伯母
ticket canjeable / ティケト カンヘアブレ	引換証
tiempo / ティエンポ	天気
tiempo libre / ティエンポ リブレ	自由時間
tienda / ティエンダ	店

tienda 24 horas / ティエンダ ベンテ ク アトロ オラス	コンビニ
tienda de alimentación / ティエンダ デ アリメンタシオン	食料品店
tienda de ropa / ティエンダ デ ロパ	洋服店
tienda libre de impuestos / ティエンダ リブレ デ インプエストス	免税店
tierra / ティエラ	土／地球
tijeras / ティヘラス	はさみ
tío / ティオ	叔父／伯父
tipo de cambio / ティポ デ カンビオ	為替レート
tirar / ティラル	引く
toalla / トアジャ	タオル
toalla de baño / トアジャ デ バニョ	バスタオル
tofu / トウフ	豆腐
trabajo / トラバホ	仕事
traducir / トラドゥシル	通訳する
trámite inmigración / トラミテ イミグラシオン	入国審査
tranquilamente / トランキラメンテ	ゆっくりと
tratamiento / トラタミエント	治療
tren / トレン	鉄道／列車

turismo トゥリスモ	観光
turista トゥリスタ	観光客

U

último tren ウルティモ トレン	最終列車

V

vacaciones バカシオネス	バカンス
vaso／copa バソ／コパ	グラス／ コップ
vaso de papel バソ デ パペル	紙コップ
venda ベンダ	包装／包帯
venta de billetes ベンタ デ ビジェテス	切符売り場
vestido de una pieza ベスティド デ ウナ ピエサ	ワンピース
viaje ビアヘ	旅行
vidrieras ビドリエラス	ステンド グラス
viento ビィエント	風
vinagre ビナグレ	酢
vino ビノ	ワイン
volver ボルベル	戻る
vomitar ボミタル	吐く
vuelo de recreo ブエロ デ レクレオ	遊覧飛行

vuelos internacionales ブエロス インテルナショナレス	国際線
vuelos nacionales ブエロス ナショナレス	国内線

Z

zanahoria サナオリア	ニンジン
zapatos サパトス	靴
zoológico ソオロヒコ	動物園

基本会話

見どころ

グルメ

ショッピング

ビューティ

エンタメ

ホテル

乗りもの

基本情報

単語集

ことりっぷ co-Trip 会話帖
スペイン語

STAFF
●編集
ことりっぷ編集部
カルチャー・プロ
●執筆
ことりっぷ編集部
カルチャー・プロ
●スペイン語監修
Masia Emilio
●写真
ことりっぷ編集部
●表紙
GRiD
●フォーマットデザイン
GRiD
●キャラクターイラスト
スズキトモコ
（シリーズキャラクター）
●本文イラスト
ずんだちるこ
●DTP制作
明昌堂
●校正
山下さをり
アークコミュニケーションズ

2024年3月1日 2版1刷発行

発行人 川村哲也
発行所 昭文社
本社
〒102-8238東京都千代田区麹町3-1
♪0570-002060（ナビダイヤル）
IP電話などをご利用の場合は♪03-3556-8132
※平日9:00～17:00（年末年始、弊社休業日を除く）
ホームページhttps://www.mapple.co.jp/